Andrea Schneider

Gott nahe zu sein ist mein Glück

Das Buch zur Jahreslosung

SCM R.Brockhaus

SCM

Stiftung Christliche Medien

Bodenborn 43 · 58452 Witten
Internet: www.scm-brockhaus.de
E-Mail: info@scm-brockhaus.de

Umschlaggestaltung: Guido Apel, Bamberg
Umschlagbild: istock.com/SilentWolf
Satz: Christoph Möller, Hattingen
Druck und Bindung: CPI – Ebner & Spiegel, Ulm
Gedruckt in Deutschland
ISBN 978-3-417-26543-9
Bestell-Nr. 226.543

Inhalt

Vorwort

Liebe Leserin, lieber Leser!

Lichtbeschienenes Hoffnungsgrün im Hintergrund. Eine Tulpenknospe.

Sie ist geschlossen – aber nicht ganz: Die Spitzen lösen sich schon leicht.

Blätter umschirmen die Knospe – aber nicht ganz: Da ist eine Öffnung.

Licht: zum Wachsen. Zum Farbegewinnen. Zum Aufblühen.

Dieses Foto auf dem Cover ist für mich ein Sinn-Bild für die Jahreslosung 2014: *Gott nahe zu sein ist mein Glück!* Nähe Gottes – sie bedeutet Hoffnung. Geborgen sein und zugleich Freiheit spüren. Beschützt werden, aber sich entfalten dürfen. Lebendig sein und kraftvoll aufbrechen. Nähe Gottes ist (m)ein Glück.

Es ist ein interessantes Wort aus einem zentralen Psalm, das Christinnen und Christen im Jahr 2014 begleiten soll. Und ich fand es spannend, mich damit zu beschäftigen.

Ich habe mir zum Beispiel vorgestellt, ich könnte die Jahrtausende »überspringen«, und habe dem Psalmdichter Asaf fünf Briefe geschrieben. So bin ich mit ihm ins »Gespräch« gekommen über den Weg, den er in Psalm 73 beschreibt – vom Bekenntnis zum guten Gott über seine tiefe Glaubenskrise bis hin zur neuen Gewissheit: *Gott nahe zu sein ist mein Glück!*

Ich habe auch gefragt: Wie erleben andere Menschen die Nähe Gottes – zum Beispiel eine Ordensschwester im Hospiz, ein jüdischer Rabbi oder die Sängerin Judy Bailey. Und wie ich selbst? Gern erzähle ich auch ein wenig von mir persönlich und meinem Weg mit Gott.

Spielerisch habe ich überlegt: Wie wäre das eigentlich, wenn wir uns und Gott ein »Glaubens-Haus« bauen würden oder wenn Gott überraschend in unser »Lebenshaus« zu Besuch käme? Oder: Wie geht es Menschen, die sich draußen fühlen, außerhalb von Gottes »Haus«? Und was bedeutet es, dass wir Gottes »Hausgenossen« sein dürfen? Auch über eine bedrohliche, Angst machende Nähe Gottes habe ich nachgedacht.

Verschiedene Zugänge, unterschiedliche Texte. Aber immer der Wunsch, dass auch Sie Freude gewinnen an diesem wunderbaren Psalmwort und es mit Ihnen geht – nicht nur in diesem Jahr: Gottes Nähe – wirklich ein Glück!

Ihre
Andrea Schneider

Psalm 73 – eine Herausforderung

Die Jahreslosung – ein Motto für das Jahr

Spätestens seit Anfang dieses Jahres hängt sie in unzähligen Wohnzimmern und Kirchen, Gemeindehäusern und Krankenzimmern. Sie prangt auf Kalenderblättern, Kerzen und Kaffeetassen – mal klassisch gestaltet, mal modern. Sie wurde in den meisten Kirchengemeinden gepredigt und in manch einem Hauskreis besprochen. Sie wurde vertont und dann vielleicht sogar gesungen. Sie wurde auswendig gelernt und leider vielleicht hier und da auch schon wieder vergessen – die Jahreslosung: *Gott nahe zu sein ist mein Glück.* Wie kam es zu dieser Losung für das Jahr 2014?

Anders als die in aller Welt verbreiteten Herrnhuter Losungen für jeden Tag des Jahres, die seit 1731 ununterbrochen von der Herrnhuter Brüdergemeine herausgegeben werden, wird die Jahreslosung nicht buchstäblich »gelost«. Für sie ist nur die zweite Bedeutungsrichtung des Wortes »Losung« zutreffend: Dieses Bibelwort soll ein Leitwort, ein Motto für das Jahr sein.

Die Geschichte der Jahreslosung ist auch längst nicht so alt wie die der Herrnhuter Losungen:

In der Zeit nach dem Ersten Weltkrieg entwickelte zuerst der »Reichsverband der Evangelischen Jungmännerverbünde in Deutschland«, der heutige CVJM, erste Bibellesepläne, später dann gemeinsam mit dem Verband der evangelischen weiblichen Jugend und einigen Diakonissenhäusern. Ziel war, das Bibellesen besonders in der jungen Generation zu fördern.

Und aus den in den jährlichen Bibelleseplänen vorgeschlagenen Texten wurden dann Monatssprüche und Jahreslosungen ausgewählt, zum ersten Mal 1930. Ab 1935 traten weitere evangelische Verbände und Kirchen dieser Arbeitsgemeinschaft bei, die sich jetzt »Textplanausschuss« nannte.

In der Zeit des Nationalsozialismus war diese Arbeit nicht nur missionarisch, sondern auch – unerwartet? – politisch: Die biblischen Leitworte wurden in vielen Zeitschriften abgedruckt und die Monatssprüche auch großformatig auf Plakaten veröffentlicht. Weil diese Plakate aus gelbem Papier waren, nannte man sie die »Gelben Monatssprüche«. Innerhalb kurzer Zeit erreichten sie eine Auflage von 500 000 Exemplaren und erregten Aufsehen in der Öffentlichkeit.

Das war ein großes Ärgernis für die Nationalsozialisten, die als Reaktion den »Braunen Spruch« mit NS-Parolen herausgaben. Und mit Berufung auf das »Gesetz zur Abwehr heimtückischer Angriffe gegen Partei und Staat« verbot die Reichsregierung schließlich die Plakate der Christen mit dem Monatsspruch. Ich finde es interessant, wie aufmerksam Bibelworte in bestimmten Zeiten wahrgenommen werden und wie politisch »fromme« Sprüche sein können …

Nach Ende des Zweiten Weltkrieges formierte sich der Textplanausschuss neu. Mitglieder sind heute u.a.

die Volksmissionarischen Ämter, die Evangelischen Bibelgesellschaften aus Deutschland, der Schweiz und Österreich, der Deutsche EC-Verband, die Vereinigung Evangelischer Freikirchen und das Katholische Bibelwerk Stuttgart. Seit 1970 heißt der Textplanausschuss »Ökumenische Arbeitsgemeinschaft für Bibellesen«, kurz ÖAB. Er verdient wirklich die Bezeichnung »ökumenisch«.

In der Zeit der Teilung Deutschlands gab es eine Ost- und eine West-Arbeitsgruppe der ÖAB, doch trotz Mauer trafen sich die Delegierten einmal im Jahr in Ostberlin zur Auswahlsitzung für die Jahreslosung – denn das Wort Gottes widersteht eben doch von Menschen gesetzten Grenzen ... Wie wunderbar, dass diese Grenze überwunden und heute eine in jeder Hinsicht gemeinsame Arbeit wieder möglich ist!

Und so trafen sie sich also vom 14.-16. Februar 2011 zu ihrer jährlichen Sitzung in Berlin: die 24 Beauftragten der ÖAB-Mitglieder, dazu einige Berater und stimmberechtigte Jugenddelegierte. Der Auftrag: die Monatssprüche und besonders auch die Jahreslosung für 2014 festlegen.

Wieder einmal eine bunte ökumenische Runde ganz unterschiedlich geprägter Christinnen und Christen. Wieder einmal eine wichtige Aufgabe und eine spannende Sitzung: Welches Bibelwort wird am Ende dieser Sitzung stehen? Welches Motto am Anfang eines Jahres, das noch in weiter Zukunft liegt?

Jedes Mitglied der ÖAB darf zwei Vorschläge für die Jahreslosung einbringen. Dieses Bibelwort wiederum darf mindestens zehn Jahre lang weder als Monatsspruch noch als Jahreslosung vorgekommen sein und auch nicht der Sammlung der Wochensprüche entstammen.

Und dann geht das Gespräch los – zunächst in vier Gruppen. Auch der Kontext, dem ein Wort entnommen ist, spielt eine Rolle, denn es soll ja nicht zugehen wie in einem »Steinbruch«, dem beliebiges Material zu entnehmen ist. Dazu werden natürlich auch die Originalzitate auf Hebräisch bzw. Griechisch betrachtet. Am Ende muss sich jede der vier Gruppen auf zwei Vorschläge einigen.

Diese wiederum werden daraufhin im Plenum diskutiert. Sicherlich immer engagiert, vielleicht zuweilen auch heftig kontrovers: Welches Bibelwort kann ein Impuls sein für die breite Öffentlichkeit? Welches passt zu den Fragen der Zeit? Welche Übersetzung ist exegetisch richtig? Und welche verständlich?

Zum Schluss kommen dann zwei Vorschläge in die engere Wahl. Ziel ist ein von allen überzeugt mitgetragenes Ergebnis und ein Wort, das eben nicht nur in einer Diskussion errungen, sondern auch von Gott geschenkt ist.

Vor der letzten Runde wird eine Nacht darüber geschlafen und vor der endgültigen Wahl wird das Gespräch unterbrochen; es wird ein Lied gesungen, ein Gebet gesprochen und erst dann abgestimmt – so Wolfgang Baur, Vorsitzender der ÖAB und stellvertretender Direktor des katholischen Bibelwerks: »Wir denken schon, dass der Heilige Geist bei uns eine Rolle spielt – sozusagen die spirituelle Dimension der Demokratie.«

Keine schlechte Arbeitsweise! Sie spiegelt etwas davon wider, was schon zur Zeit der ersten Christen ein guter Weg war: sich eigene Gedanken machen und zugleich eine Wahl umbeten, darum bitten, dass Gottes Geist wirkt.

Und der Spruch, der dann gewählt wird, wird drei Jahre später die Jahreslosung. Für das Jahr 2014 ist das nun also – im Februar 2011 ausgesucht – Psalm 73,28: *Gott nahe zu sein ist mein Glück.*

Der Wortlaut dieser Jahreslosung entstammt der Einheitsübersetzung. Und er klingt überraschend. Ich jedenfalls habe dieses eigentlich bekannte Wort aus einem zentralen Psalm nicht gleich erkannt. In der Lutherübersetzung ist es sehr geläufig. Vers 28 aus Psalm 73 heißt da so: »Das ist meine Freude, dass ich mich zu Gott halte und meine Zuversicht setze auf den Herrn.«

Wolfgang Baur erzählte mir, dass die Diskussion dieses Mal besonders intensiv war: Klingt diese Übersetzung nicht zu ungewöhnlich? Das Bibelwort zu fremd? Aber schließlich fiel die Wahl doch auf die besonders in der katholischen Kirche gebräuchliche Einheitsübersetzung. Er begründet das so: »Dieser Satz aus der Einheitsübersetzung ist zwar sperrig, trifft aber die Kernaussage des Psalms exakter. In den letzten Jahren kamen die Losungen fast immer aus der Lutherbibel. Auch von daher ist es mal ganz schön, dass jetzt die ökumenische Übersetzung gewählt wurde.« Die Jahreslosung 2014 – also auch durch ihren Wortlaut ein schönes Zeichen für die Verbundenheit von Christen aus allen Konfessionen!

In der Einheitsübersetzung hat dieses Psalmwort

übrigens eine Einleitung: *Ich aber – Gott nahe zu sein ist mein Glück.* Und sehr bewusst hatte sich nach langer Diskussion die Auswahlkommission zunächst dafür entschieden, das einleitende »Ich aber« nicht aus dem Vers wegzustreichen. Denn ohne diesen Vorsatz sei die Jahreslosung »einfach nur schön« – so die Begründung.

Ich finde, das stimmt: Dieses »Ich aber« deutet den heftigen Konflikt an, der Gegenstand des Psalms ist. Mit dem abschließenden »Gott nahe zu sein ist mein Glück« wird er aufgehoben in einer eben gerade nicht leicht dahingesagten Glaubenszuversicht. Das vorangestellte »Ich aber« verleiht der Rede vom Glück der Nähe Gottes persönliche Tiefe.

Nach der ersten Veröffentlichung der Jahreslosung gab es jedoch von vielen Seiten massiven Protest gegen diese etwas holprig klingende Einleitung, wie mir Wolfgang Baur sagte. Und so wurde – auch zu seinem Bedauern – erstmalig in der Geschichte der ÖAB diese Entscheidung in der nächsten Sitzung rückgängig gemacht. Die eigentlich schon festgelegte Jahreslosung wurde noch einmal verändert – und die Einleitung weggestrichen.

Das finde ich schade und zugleich spannend: Können wir die Provokation, das ungewöhnliche Holprig-Widerständige doch nicht ertragen? Wollen wir lieber ein »glattes« Wort, das »schön« auf eine Kaffeetasse passt?

Nein, das Wort Gottes ist nie glatt und nie nur schön. In keiner Übersetzung. Es will wirken und Konsequenzen haben – so wie zum Beispiel der »Gelbe

Monatsspruch« damals in der Zeit des Dritten Reiches. Gerade auch in seiner Sperrigkeit will es uns erreichen. Es will mit uns gehen und uns begleiten in großen Lebensfragen und im kleinen Alltag – weit über dieses Jahr hinaus. Damit auch wir ab und zu sehr bewusst sagen: *Ich aber – Gott nahe zu sein ist mein Glück!*

Machen wir uns also auf den Weg, dieses Wort Gottes für uns zu entdecken! Auch wenn es auf manch einem Kalenderblatt, manch einer Kerze und manch einer Kaffeetasse »einfach nur schön« daherkommt ...

Der Psalter – ein Gebetbuch für das Leben

Die Losung für das Jahr 2014 stammt aus einem Psalm, aus dem »Buch der Lobpreisungen«, wie der Psalter in jüdischer Tradition ehrenvoll genannt wird. Dabei meint Lobpreis nicht eine besondere, fröhliche Aktivität, wenn es einem mal so richtig rundum gut geht. Nein – Loben ist eine urmenschliche Äußerung, die das ganze Leben umfasst: »Loben ist die dem Menschen eigentümlichste Form des Existierens. Loben und nicht mehr Loben stehen einander gegenüber wie Leben und Tod«, so der Alttestamentler Gerhard von Rad.[1]

Wer sich mit allem, was ihn ausmacht – Leichtes und Schweres, Freude und Leid –, auf Gott bezieht und sich betend vor ihm ausspricht, der ist lebendig. So gesehen sind die Psalmen – nicht nur die Lob- und Dankpsalmen, sondern auch und gerade die Klagepsalmen – das vielleicht menschlichste Buch der Bibel. Eben: ein Gebetbuch für das Leben.

In der Vorrede zu seiner Psalmenübersetzung schreibt Martin Luther:

> *Ein menschliches Herz ist wie ein Schiff auf einem wilden Meere, welches die Sturmwinde von allen vier Himmelsrichtungen hin und her treiben: von hierher stößt Furcht und Sorge vor zukünftigem Unglück; von dorther fährt Gram und Traurigkeit über gegenwärtiges Übel; von da weht Hoffnung und Vermessenheit im Blick auf zukünf-*

tiges Glück; von dort bläst Sicherheit und Freude über gegenwärtigen Gütern.[2]

Ein treffendes Bild: Wie oft sind wir hin- und hergerissen zwischen Zuversicht und Sorge, Glück und Leid, Freude und Trauer. Wie oft schwanken unsere Meinungen, werden unsere Ziele umgeweht. Auch unser Glaube – oft wie ein Schiff im Sturm, auf Wellen des Zweifels. Getragen von Geborgenheit oder fast untergehend in Angst. »Solche Sturmwinde aber lehren mit Ernst reden und das Herz öffnen und es von Grund ausschütten« – so Martin Luther weiter. Das Herz öffnen und von Grund ausschütten – das ist möglich mithilfe der Psalmen, denn:

Was ist aber das meiste im Psalter anderes als solch ernstliches Reden in allerlei solchen Sturmwinden? Wo findet man feinere Worte von Freuden als in den Lob- oder den Dankpsalmen? Da siehst du allen Heiligen ins Herz wie in schöne Lustgärten … Wo findest du tiefere, von Klage und Jammer mehr erfüllte Worte der Traurigkeit als in den Klagepsalmen? Da siehst du abermals allen Heiligen ins Herz wie in den Tod, ja wie in die Hölle …

Ich finde es wunderbar, wie Martin Luther hier vor fast 500 Jahren die Bedeutung der Psalmen beschrieben hat: der Psalter als Gebetbuch für schöne und schwere Zeiten, bei ruhiger See und im Sturm des Lebens. Es gibt keine menschliche Erfahrung, die es nicht auch in den Psalmen gäbe. Und wenn es uns die Sprache verschlagen hat – vor Glück oder im Leid –, dann können wir in den Psalmen Worte finden, die unsere eigenen und zu einem sehr persönlichen Gebet werden:

> *Das Allerbeste ist, dass die Psalmisten diese Worte Gott gegenüber und mit Gott reden; denn das bewirkt, dass doppelter Ernst und zwiefältiges Leben in den Worten liegt. Denn wo man sonst Menschen gegenüber von solchen Dingen redet, geht es nicht so stark von Herzen, brennt, lebt und drängt nicht so sehr. Daher kommt's auch, dass der Psalter aller Heiligen Büchlein ist und ein jeder, in welcher Lage er auch ist, Psalmen und Worte darin findet, die sich auf seine Lage reimen und so auf ihn passen, als wären sie nur um seinetwillen so geschrieben; er könnte sie auch selbst nicht besser verfassen oder erfinden noch sich bessere wünschen.*

Durch die Psalmen »den Heiligen ins Herz sehen« – und alles wahr-nehmen, was so ein Herz voll, fröhlich oder traurig macht: Begeisterung und Lebenslust. Zorn und Zweifel. Todesangst und Rachegedanken.

Mit den Psalmen beten und dabei kein Blatt vor den Mund nehmen müssen. Sondern singend, tanzend, weinend, klagend alles aus dem Herzen sprudeln lassen. Gott in seiner Größe loben: Den Schöpfer des Universums. Den Tröster in der Not. Die Schutzburg bei feindlichen Angriffen. Aber auch Gott in seiner Unbegreiflichkeit anrufen: Den Fernen anklagen. Den Mächtigen anflehen. Den Barmherzigen erinnern.

Die Psalmen – was für ein Geschenk! Was für ein immer wieder überraschender Zugang zum Glauben, wenn alle anderen Wege vernagelt sind! Dies gilt für den Einzelnen in seinem »stillen Kämmerlein«, aber auch und mit besonderer Kraft für das Gebet in der Gemeinschaft der Glaubenden.

Der Psalter ist das Gebetbuch des ersten Volkes Gottes. In ihrer großen Vielfalt spiegeln die Psalmen Israels Geschichte mit seinem Gott: eine Geschichte von Zuwendung und Abkehr. Und sie spiegeln Gottes Geschichte mit seinem Volk: eine Geschichte von Verheißung und Erfüllung. Die Liebesgeschichte von der unverbrüchlichen Treue Gottes.

Aber die Psalmen sind auch untrennbar verbunden mit der jahrtausendelangen Leidensgeschichte Israels – bis in unsere Zeit. Wenn für die Juden nichts mehr blieb, nur noch Verfolgung, Todesangst und Vernichtung, so blieb doch das Schreien zu ihrem Gott – mit den Psalmen. Johann Baptist Metz hat einmal gesagt: »Wir dürfen nach Auschwitz beten, weil auch in Auschwitz gebetet wurde.« Das ist wahr. Wenn wir als Christen heute, gerade auch als Deutsche, die Psalmen für uns in Anspruch nehmen und sie nachbeten, dürfen wir über diese Geschichte nicht achtlos »hinwegbeten«.

Im Judentum zur Zeit Jesu waren die Psalmen weit verbreitet. In diesem »Lebensbuch«, wie der Theologe Erich Zenger den Psalter nennt, fanden sich gerade auch die kleinen Leute wieder mit ihren Sorgen und Nöten und auch ihrer Hoffnung auf den rettenden Messias.[3] Auch Jesus von Nazareth selbst lebte und glaubte und predigte mit den Psalmen und konnte sich sicher sein, dass seine Zuhörer ihn verstanden. Am Tiefpunkt seines Lebens, der zugleich der Höhepunkt seiner Wirksamkeit ist – am Kreuz –, da betet der Gottessohn diesen Psalm der absoluten Gottverlassenheit: »Mein Gott, mein Gott, warum hast du mich verlassen?« (Psalm 22,2). Bis aufs Blut gequält, verspottet und sterbend hängt Jesus am Kreuz und spricht diese Worte aus. Sie werden so zum Zeugnis für eine unverbrüchliche Nähe Gottes, die trotz allem auch im Tod nicht endet.

Von der in Christus letztgültig verwirklichten Nähe Gottes zu den Menschen erzählen uns die Evangelisten, die Zeugen der ersten christlichen Gemeinde. Auch ihr Gebetbuch war – selbstverständlich – der Psalter. Und doch baten die ersten Jünger ihren Meister: »Herr, lehre uns beten« (Lukas 11,1). Er antwortete: »So sollt ihr beten …« – und schenkte seinen Leuten das Vaterunser. In diesem »Urgebet der Christenheit« klingt an, was auch schon Hoffnung und Erwartung in den Psalmen ist. So kann es Glaubende durch alle Zeiten miteinander verbinden: Gott ist wie ein Vater. Sein Königreich soll kommen. Sein Wille soll sich durchsetzen. Menschen sollen satt werden. Schuld soll vergeben werden. Versuchung soll der Klarheit weichen. Das Böse wird unterliegen. Gott hat Kraft und Macht. Er ist der eigentlich Große und Würdige. Für immer und ewig.

Psalm 73 ist ein wichtiger Teil dieses alten und immer wieder neuen Gebetbuchs für das Leben: ehrlich und spannend, dramatisch und Mut machend. Auch für ihn gilt: »Da siehst du den Heiligen ins Herz.«

Ein erster Brief an Asaf:
das traditionelle Bekenntnis

Ein Psalm Asafs.
Lauter Güte ist Gott für Israel, für alle Menschen mit reinem Herzen.
Ich aber – fast wären meine Füße gestrauchelt, beinahe wäre ich gefallen.

PSALM 73,1-2; EÜ

Lieber Asaf,

ca. 2 500 Jahre trennen uns. Deine Welt in Israel zur Zeit des Alten Testaments war so anders als meine heute im Deutschland des 21. Jahrhunderts. Deine Umwelt, dein Denken, dein Alltag …

Ich weiß nicht viel von dir, du nichts von mir. Du warst Mann, ich bin Frau, du warst ein Frommer Israels, ich bin Christin heute. Du scheinst sehr fern. Vielleicht warst du auch gar keine konkrete historische Person. Es sind ja mehrere Psalmen unter deinem Namen in der Bibel überliefert. Und vielleicht spiegeln sich in diesen Psalmen die Erfahrungen und Gedanken vieler, sind buchstäblich »verdichtet«.

Aber ich lese Psalm 73 – und im Nu bist du ganz nah. Und deshalb springe ich über den »garstigen Graben der Geschichte« und der uns trennenden Lebens- und Gedankenwelten – und schreibe dir.

Einer der letzten Sätze aus deinem Psalmgedicht soll Leitwort für ein ganzes Jahr sein. Ich möchte mit dir darüber nachdenken, mit dir fragen, klagen und danken. Und mit dir dein Gebet beten.

Dein Psalm hatte wohl ursprünglich eine pädagogische Absicht, wollte als »weisheitliches Lehrgedicht« Erkenntnis über Gott und die Welt vermitteln. Du redest dabei sehr persönlich. Ich lerne dich kennen in deinen Worten. Und erlebe beim Lesen deines Psalms, was uns heute zwar selbstverständliche Erkenntnis, aber oft noch nicht in Fleisch und Blut übergegangen ist: Rede muss An-Rede sein. Verstehen braucht mehr als Vernunft. Es braucht Einfühlung und Beziehung. Und ich merke, wie ich beim Lesen eine Beziehung zu dir und deinen Worten bekomme.

So lese ich den ersten Satz deines Psalmgedichts: *Lauter Güte ist Gott für Israel, für alle Menschen mit reinem Herzen.* Man könnte auch übersetzen: »Gut ist Gott zu Israel, zu denen, die lauteren Herzens sind.«

Was für ein Bekenntnis zu Beginn! Felsenfest steht es da: Die Güte Gottes gilt für seine Leute. Mehr noch: Sie gilt für alle, die es selbst gut meinen. Für die, deren Herz – und damit meinst du ja die innere Schaltzentrale, den Ort, wo Entscheidungen gefällt werden – rein ist. Gut ist Gott zu den Guten. Eine Glaubensbasis. Eine Orientierungsmarke. Ein Erfahrungsschatz.

Gott ist gut – das ist, lieber Asaf, deine Tradition. Und die uralte Erfahrung deines Volkes. Jahwe hat es aus Ägypten befreit. Er hat es in der Wüste bewahrt. Er hat es in das gelobte Land geführt. Immer wieder im Alltag und in besonderen Situationen – über einem Neugeborenen, an einem Sterbebett – rufen Juden bis heute sich dieses Ur-Bekenntnis des Glaubens in Erinnerung, das so entscheidend ist für die Identität deines Volkes: »Sch'ma J'srael … Höre, Israel, der Herr ist unser Gott, der Herr allein!« Und dieser Gott ist ein einzigartiger Gott. Und ein guter Gott. Für sein Volk. Für alle Menschen, die guten Willens sind.

Lieber Asaf, das ist ein wenig auch meine Tradition, meine Erfahrung. Ich bin dankbar, dass ich das von klein auf hören und dann auch glauben durfte: Gott ist gut. Für mich. Wie oft habe ich dieses Gebet gesprochen: »Ich bin klein, mein Herz ist rein, soll niemand drin wohnen als Jesus allein.« Ja, ich glaube, mein Herz war rein. Vertrauensvoll kindlich fühlte ich mich geborgen bei Gott, der es gut mit mir meint.

Ob dir das auch so ging? Ich denke, auch du fühltest dich sicher in deiner Tradition und mit deinem Bild von Gott. Du konntest für dich klar sortieren zwischen Schwarz und Weiß, Gut und Böse. Du konntest glauben, was dir die weisheitlichen Alten beigebracht haben: Ein »reines Herz« denkt und will Gutes, daraus erwächst die gute Tat und folglich ergeht es dem Menschen gut. Tun und Ergehen hängen eng zusammen: Den Guten geht's gut, den Bösen schlecht. So also der erste vollmundige Satz in deinem Psalm: *Lauter Güte ist Gott für Israel, für alle Menschen mit reinem Herzen!* Punkt.

Ich weiß es nicht – aber vielleicht hast du das, als du es ausgesprochen oder geschrieben hattest, schon nicht mehr so ganz glauben können. Vielleicht hatte für dich die Tradition schon mehr Risse, als dir bewusst war – und brach dir plötzlich ganz weg. Und die frommen Worte blieben dir im Halse stecken. Vielleicht hast du auch schon trotzig das »Dennoch« mitgedacht, das sich in Martin Luthers Übersetzung des ersten Verses findet: »Gott ist dennoch Israels Trost für alle, die reinen Herzens sind.«

Wahrscheinlich hast du deinen Psalm auch ganz bewusst komponiert und deshalb mit diesem Paukenschlag der Glaubensüberzeugung begonnen. Wie auch immer – der erste Satz steht da. Wie eine Überschrift, wie eine These, die du aber gleich wieder infrage stellst: *Ich aber – fast wären meine Füße gestrauchelt, beinahe wäre ich gefallen.*

Dieses »Ich aber« – es gefällt mir. Es klingt so modern. Auch für viele Menschen heute bekommt der traditionelle Glaube Risse. Das schöne Bild vom lieben Gott verdunkelt sich. Und die unbefangene Selbsteinschätzung vom »reinen Herzen« weicht der harten Selbstkritik. Statt eines Bekenntnisses Grübelei. Statt Sicherheit Zweifel. Man entfernt sich innerlich – oder auch äußerlich – von denen, die keine Fragen haben und selbstverständlich sicher glauben. Man lernt, »Ich« zu sagen – und vor allem: »Aber ...«

Lieber Asaf, dein »Ich aber« – es klingt nach selbstbewusstem Nachdenken. Aber auch nach schmerzlicher Auseinandersetzung. Es bringt ins Fragen: Was ist dran am traditionellen Glauben? *Fast wären meine Füße gestrauchelt, beinahe wäre ich gefallen.* Gern würde ich dich fragen: Was hat dich so aus dem Tritt gebracht? Was hat dir den Boden unter den Füßen weggezogen? Nur das, was du um dich herum siehst und erlebst? Oder auch die verunsichernde Erkenntnis, dass du vielleicht nur oberflächlich geglaubt hast? Dass du nur vordergründig, nicht in vollem Umfang verstanden hast, was das meint: *Lauter Güte ist Gott für Israel, für alle Menschen mit reinem Herzen.* Ist es das Erschrecken vor dem eigenen Unglauben – trotz aller guter Tradition?

Lass uns miteinander im Gespräch bleiben. Ich bin gespannt.

Deine Andrea

Ein zweiter Brief an Asaf: die krisenhafte Anfechtung

Denn ich habe mich über die Prahler ereifert, als ich sah, dass es diesen Frevlern so gut ging. Sie leiden ja keine Qualen, ihr Leib ist gesund und wohlgenährt. Sie kennen nicht die Mühsal der Sterblichen, sind nicht geplagt wie andere Menschen. Darum ist Hochmut ihr Halsschmuck, wie ein Gewand umhüllt sie Gewalttat.
Sie sehen kaum aus den Augen vor Fett, ihr Herz läuft über von bösen Plänen. Sie höhnen, und was sie sagen, ist schlecht; sie sind falsch und reden von oben herab. Sie reißen ihr Maul bis zum Himmel auf und lassen auf Erden ihrer Zunge freien Lauf.
Darum wendet sich das Volk ihnen zu und schlürft ihre Worte in vollen Zügen. Sie sagen: »Wie sollte Gott das merken? Wie kann der Höchste das wissen?« Wahrhaftig, so sind die Frevler: Immer im Glück, häufen sie Reichtum auf Reichtum.
Also hielt ich umsonst mein Herz rein und wusch meine Hände in Unschuld. Und doch war ich alle Tage geplagt und wurde jeden Morgen gezüchtigt. Hätte ich gesagt: »Ich will reden wie sie«, dann hätte ich an deinen Kindern Verrat geübt.

Psalm 73,3-15; EÜ

Lieber Asaf,

ich finde dich mutig: Du setzt dir keine Scheuklappen auf. Du schaust hin. Du nimmst wahr, wie gut es anderen geht: *Sie leiden ja keine Qualen, ihr Leib ist gesund und wohlgenährt.* Und würdest du heute leben, könntest du es genauso sehen: Es ist offensichtlich nicht so, wie du zu Anfang deines Psalms beschreibst. Es ist nicht einfach gut für die, die ein reines Herz haben und zu Gott gehören. Im Gegenteil. Den anderen, den Gottfernen, geht es gut. Sie leben in ungetrübtem Wohlergehen. Und oft genug auf Kosten der Schwachen und Guten. Die sind anscheinend gut dran, die fröhlich-unbedarft an Gott vorbeileben – ohne Zweifel. Die triumphieren, die Gott prahlerisch-frech leugnen – ohne Skrupel.

Ja, ich verstehe das: Man kann sich über solche »Prahler« richtig ereifern. Und dabei selbst in einen Strudel von Neid und Wut geraten, der einen straucheln und fast fallen lässt. Und man kann sich auch hineinsteigern in eine Wortwahl, die ihrerseits strotzt vor Anschaulichkeit: »Für sie gibt es keine Qualen, gesund und feist ist ihr Leib … sie brüsten sich wie ein fetter Wanst.« So übersetzt Martin Luther deine Worte.

Das ist auch heute schwer erträglich, wenn wir solchen Menschen begegnen – ob persönlich oder in unserer modernen Medienwelt alltäglich und auf allen Kanälen: *Darum ist Hochmut ihr Halsschmuck, wie ein Gewand umhüllt sie Gewalttat. Sie sehen kaum aus den Augen vor Fett, ihr Herz läuft über von bösen Plänen.*

Herrlich, Asaf, wie du das beschreibst, wie da bei den anderen abstoßendes Äußeres und unangenehmes

Inneres zusammenkommen! Ob da bei dir auch ein wenig menschlich-allzumenschliche Häme mitspielt bei dieser Schilderung der Menschen, die ohne Gott leben? Es wäre verständlich und ist auch heute durchaus verbreitet. Jedenfalls fühlst du dich unterlegen, benachteiligt, bedroht. Wirklich eine Anfechtung! Und ich merke bei dir, was auch uns heute nicht unbekannt ist: Der neidvoll und angstvoll verengte Blick auf andere verändert einen selbst – leider nicht zum Guten.

Auch den nächsten Gedanken von dir kann ich gut nachvollziehen: Das eigentlich Beängstigende der Gotteslästerer ist die Anziehung, die sie auf andere ausüben: *Sie höhnen, und was sie sagen, ist schlecht; sie sind falsch und reden von oben herab. Sie reißen ihr Maul bis zum Himmel auf und lassen auf Erden ihrer Zunge freien Lauf. Darum wendet sich das Volk ihnen zu und schlürft ihre Worte in vollen Zügen.*

Ja, die Frevler kennen keine Grenzen. Sie beanspruchen den Himmel, der eigentlich Gottes Ort ist, und beherrschen die Erde, wo die Menschen bedrückt werden. Mit Mund und Zunge betreiben sie Demagogie und Blasphemie, verführen und verhöhnen. Und das hat Wirkung: Das Volk ist betört. »Darum fällt ihnen der Pöbel zu und läuft ihnen zu in Haufen wie Wasser«, so übersetzt Martin Luther deine Erfahrung, die durch die Jahrtausende immer wieder schlimme Folgen hatte – auch für dein Volk …

Und kaum zu glauben: Vom Glück verfolgt, von Reichtum umgeben, setzen die fetten, feisten, heimtückischen Gottlosen noch einen drauf. *Sie sagen: Wie sollte Gott das merken? Wie kann der Höchste das wis-*

sen? Ja, Ironie und Zynismus können eine unglaublich scharfe Waffe sein. »Wo ist denn Gott?«, so fragen sie. Ist er nicht doch schon etwas altersschwach, kriegt nicht mehr mit, was so passiert – der alte Mann mit dem langen weißen Bart? Vielleicht ist diese zynische Verspottung deines Gottes der tiefste Grund deiner Anfechtung, Asaf.

Während ich in deinem Psalm lese, denke ich weiter – als Christin. Und mir fallen andere Gotteslästerer ein, die einen gequälten, an ein Kreuz genagelten Mann fragten: »Na, wo ist denn dein Gott? Anderen hast du geholfen, dann hilf dir doch jetzt selbst, wenn du wirklich der Auserwählte Gottes bist! Leute, lasst doch sehen, ob der Prophet Elia kommt und ihn abnimmt vom Kreuz ... Bist du der König der Juden?« Und auf ein Schild hatten sie's zynisch aufgeschrieben: »INRI – Jesus von Nazareth der Juden König«.

Lieber Asaf, du redest nicht als genervter und erboster Beobachter von außen. Du weißt, wovon du redest. Sprichst von täglicher Plage und Züchtigung. Und das macht deine Rede tiefgründig und glaubwürdig. Ausleger vermuten, dass du vielleicht selbst betroffen warst von einer schweren Erkrankung. Vielleicht fasst du auch stellvertretend das Leiden vieler in Worte. Beschreibst den Zweifel, den viele kennen – zu deiner Zeit und heute: Lohnt sich denn überhaupt der Versuch, ein Leben mit »reinem Herzen« zu führen – angesichts des überschäumenden Glücks der anderen? Ist ein Leben mit Gott wirklich das richtige – oder »umsonst«? Tiefer Frust und Traurigkeit klingen aus deinen Worten: *Also hielt ich umsonst mein Herz rein und wusch meine Hände in Unschuld. Und doch war ich alle Tage geplagt und wurde jeden Morgen gezüchtigt.*

Ach, Asaf, ich kann gut verstehen, was du meinst! Ich könnte dir von Menschen erzählen, die das auch so erleben: *Und doch war ich alle Tage geplagt und wurde jeden Morgen gezüchtigt.*

Da ist zum Beispiel die ältere Frau aus meiner Gemeinde: jahrzehntelange Diabetes, mehrere Krebsoperationen, kaputter Rücken, beständige quälende Schmerzen trotz Morphin. Zunehmende Sehschwierigkeiten, heute fast vollständig blind. Früher ein Leben als routinierte Gastgeberin in einem großen Geschäftshaushalt, heute ein Leben fast ausschließlich im Sessel, mit der Perspektive »Pflegeheim«. Was du schreibst, Asaf, gilt auch für sie: Was für eine tägliche Qual!

Oder eine andere Bekannte: ehemals Schauspielerin mit vielversprechender Karriere. Seit Jahren schwer an schmerzhaftem chronischem Gelenkrheumatismus erkrankt, ihr Körper ein einziges Ersatzteillager von Metallplatten zur Versteifung der schmerzhaften Gelenke. Unzählige Operationen hinter sich, viele wahrscheinlich noch vor sich, immer ein großes Risiko. Früher die große Bühne, heute immer wieder das Krankenhaus. Was du schreibst, Asaf, gilt auch für sie: jeden Morgen gezüchtigt!

Oder die Eltern des jungen Mannes, der – ehrenamtlich unterwegs für unsere Kirchengemeinde – von einem unachtsamen Busfahrer angefahren und schwer verletzt wird. Ein fitter Bursche mit Flausen im Kopf und zugleich ein fröhlicher Christ. Viele bangen, beten und hoffen mit der Familie. Aber der 21-Jährige stirbt. Früher eine lustige Familie, heute verwaiste Eltern. Was du schreibst, Asaf, gilt auch für sie: umsonst an Gott fest- und das Herz reingehalten?

Mir stehen weitere Leute vor Augen, zum Beispiel der erfolgreiche Banker oder die gewissenhafte Buchhalterin. Je auf ihre Weise haben sie gesagt, dass sie die Geschäftspraktiken ihrer Firmen nicht mit ihrem Glauben vereinbaren können. Ein hoher Preis: die Arbeitsstelle weg. Die Arbeitslosigkeit bedrückend. Früher steile Karriere, heute unsichere Neuorientierung. Was du schreibst, Asaf, gilt auch für sie: umsonst versucht, unschuldig zu bleiben?

Ja, Asaf, diese Menschen gehören wie du zu Gott. Sie und unzählige andere in deiner Zeit und zu allen Zeiten wollen »ihr Herz rein halten«, wollen mit Gott und für ihn leben, nach seinem Willen und Plan, für andere und nicht für sich selbst. Aber gerade sie müssen oft heftig leiden an schweren Krankheiten, die ihr Leben stark einschränken. Erleben Unglück, das den Boden unter den Füßen wegzieht. Scheitern bei ihren Plänen. Die Gegenwart wird dunkel und die Zukunft unsicher. Wenn diese Menschen ihr Leben anschauen, fragen und zweifeln und klagen sie – wie du in deinem Psalm.

Der Theologe Hans-Joachim Kraus formuliert das so:

> *Ist Leiden, nichts als Leiden, die Antwort, die Gott denen erteilt, die reinen Herzens nach ihm fragen? Ist Not, nichts als Not, der Anteil, den Gott denen gibt, die sich nicht hineinstürzen in den Strom der Macht, des Glücks und des Erfolgs? Wie unerträglich sind diese Perspektiven!*

Wie schrecklich sind die Konsequenzen einer solchen Gegenüberstellung! ... Ganz umsonst! Völlig sinnlos ist doch ein solches Leben mit Gott! Leiden statt Glück, Ohnmacht statt Macht, Vergehen statt Erfolg. Der Gedanke liegt ganz nahe: »So, jetzt rede ich auch wie diese Leute!«[4]

Ja, lieber Asaf, dieser Gedanke liegt nahe – in deiner Zeit und auch heute. Aber wie gut, dass du nur mit ihm spielst und ihn nicht wirklich zu Ende denkst! Ich lese bei dir: *Hätte ich gesagt: »Ich will reden wie sie«, dann hätte ich an deinen Kindern Verrat geübt.*

Danke, Asaf, für diesen Konjunktiv! Gut, dass du die frühere Treue Gottes nicht vergisst. Dass du trotz aller Anfechtung die Kraft hast, dich hineinzustellen in die lange Tradition derer, die Gott erlebt haben in seiner Zuwendung und Liebe.

Danke, dass du deine eigene Geschichte mit Gott nicht verrätst. Du gibst dem Glauben eine Chance. Das macht mir Mut.

Deine Andrea

Ein dritter Brief an Asaf: die erlösende Wende

Da sann ich nach, um das zu begreifen; es war eine Qual für mich, bis ich eintrat ins Heiligtum Gottes und begriff, wie sie enden. Ja, du stellst sie auf schlüpfrigen Grund, du stürzt sie in Täuschung und Trug. Sie werden plötzlich zunichte, werden dahingerafft und nehmen ein schreckliches Ende, wie ein Traum, der beim Erwachen verblasst, dessen Bild man vergisst, wenn man aufsteht.
Mein Herz war verbittert, mir bohrte der Schmerz in den Nieren; ich war töricht und ohne Verstand, war wie ein Stück Vieh vor dir.

Psalm 73,16-22; EÜ

Lieber Asaf,

gern knüpfe ich noch einmal an unser »Briefgespräch« an. Da ist diese Krise, wo dir alles wegbröckelt an unbedarft traditionellem Glauben. Du verstehst einfach nicht, warum die Welt mit ihren Widersprüchen so ist, wie sie ist. Warum die Widersacher des Guten triumphieren und warum dein mächtiger Gott das alles zulässt und nichts dagegen unternimmt.

Das kommt mir ziemlich modern vor. Auch die Art, wie du damit umgehst: nachdenken. Forschen. Grübeln. Deine Versuche, das Problem zu klären, verbinden dich mit vielen Menschen heute. Und ähnlich wie du in deiner Zeit finden auch wir heute keinen Ansatzpunkt, um die verknotete Warum-Frage zu entwirren.

Trotz Jahrtausenden des Denkens und Fragens, trotz Aufklärung und unzähliger kluger Bücher – die Theodizeefrage, die Frage nach der Gerechtigkeit, Güte und Allmacht Gottes angesichts des Leides in der Welt, die schon der griechische Philosoph Epikur und Ende des 17. Jahrhunderts dann der Philosoph Gottfried Wilhelm Leibniz beschrieben haben, ist bis heute letztlich ungelöst: Will Gott das Übel beseitigen, aber kann nicht? Kann er, aber will nicht? Will und kann er, aber tut's nicht? Dieses Dilemma bleibt. Und es ist ein Motiv für Atheismus, bietet einen Grund, nicht an Gott glauben zu können und zu wollen – auch heute.

Allerdings diskutierst du in deinem Psalm keine abgehoben philosophische Theodizee-Problematik. Es ist eine sehr persönliche Erfahrung, die du durchbuchstabierst. Und auch das verbindet dich mit uns Heutigen. Auch uns rückt die Ungerechtigkeit in der Welt und das Leiden Unschuldiger dann besonders nahe, wenn's persönlich wird. An-Schaulich in Medien. Nach-Fühlbar in Geschichten. Mit-Erlebbar in Familie oder Nachbarschaft:

Warum ist dieser junge Mensch so todkrank? Warum hat dieser unvorsichtige Autofahrer so viele Verletzte auf dem Gewissen? Warum reißt dieser Terroranschlag so viele Unschuldige in den Tod? Warum sterben diese Kinder im Krieg? Warum siegen immer wieder die Bösen über die Guten, die Skrupellosen über die Machtlosen? Und: Warum schweigt Gott? Die Warum-Frage bohrt sich fest in Gedanken und Herz. Und findet keine Antwort.

Das ist wirklich eine »Qual«: »So sann ich nach, ob ich's begreifen könnte, aber es war mir zu schwer« – so der Vers 16 in der Lutherübersetzung. Ja, solch ein Nachdenken und Grübeln wird irgendwann zu schwer. Und es führt zu nichts.

Wie gut für uns heute, dass wir uns in den Worten deines Psalms wiederfinden können, wenn wir selbst keine haben. Wie gut, dass in der Bibel – zum Beispiel auch im Buch Hiob – schlimme Erfahrungen mit dem Leben und dem unverständlichen Gott nicht beschönigt werden. Dass nichts schnell mit frommen Antworten übertüncht wird. Gott sei Dank!

Gott sei Dank, dass der Gottessohn selbst in der Stunde seiner tiefsten Gottesferne am Kreuz Worte aus einem Psalm zu seinen eigenen gemacht hat – stellvertretend für alle Menschen, denen es im Leid die Sprache verschlagen hat: »Mein Gott, mein Gott, warum hast du mich verlassen?« Seine Warum-Frage ist ein Gebet. Und so lässt er auch uns heute wissen: Gott ist ansprechbar. Auch im dunkelsten Leid. In anscheinend auswegloser Gottverlassenheit. Die Warum-Frage wird gehört. Die Klage hat einen Adressaten. Gott ist nur ein Gebet weit entfernt. Und deshalb ganz nah. Was für ein Trost!

Lieber Asaf, ob du in all dem Nachdenken und Grübeln auch mal versucht hast, die Warum-Frage umzuwandeln – in ein Wozu? Wozu dient mir diese Krise? Kann sie mir helfen, widerstandsfähiger zu werden? Was kann vielleicht doch an Gutem wachsen aus all dem Bösen? Wozu will mich diese schlimme Erfahrung befähigen? Hilft sie mir, andere Menschen, die Ähnliches erleben, besser zu verstehen? Kann in der Krise mein Glaube wachsen und die Kraft, das Gute – trotz allem – auch im eigenen Leben zu entdecken?

Heute sprechen wir häufig von der sogenannten Resilienz, der Widerstandsfähigkeit, die Menschen im »Sturm des Lebens« an den Tag legen. Das meint, dass sich jemand eben nicht umhauen lässt von einer Krankheit, Krise, Kränkung, sondern – trotz aller Verletzungen und Schwierigkeiten – geradezu gestärkt daraus hervorgeht. Mit neuer Kraft und Sicherheit und Lebensfreude. Nicht wie ein harmloses Stehaufmännchen, das umgestoßen wird und ruck-zuck wieder aufrecht steht. Eher wie ein Baum, der vom Sturm gebeutelt und gekrümmt, aber doch nicht ausgerissen wird und weiter dem Licht entgegenwächst.

Ich schreibe dir das nur sehr zögerlich. Nicht vorschnell nach dem Motto: Alles wird gut, wenn man nur »richtig« mit einer Krise umgeht. Aber ich glaube: Es gibt Wege aus unlösbaren Fragen.

Du, Asaf, hast ja einen Weg gefunden. Einen ersten Schritt heraus aus der Krise. Den beschreibt Vers 17, eine »Scharnierstelle« in deinem Psalm: Das Grübeln quälte – *»bis ich eintrat ins Heiligtum Gottes«.*

Die Ausleger sind sich nicht einig, was darunter genau zu verstehen ist – »eintreten in das Heiligtum« oder auch der Plural: »in die Heiligtümer Gottes«. Ist ganz schlicht ein Tempelbesuch gemeint? Diese konkrete Deutung liegt nahe: Der Tempel als Ort der besonderen Nähe Gottes bringt die Wende. Im Gottesdienst, im Haus des Herrn beginnt die Überwindung der Glaubenskrise. Der Besuch des Heiligtums in Jerusalem als ein Weg der Klärung für den, der des Denkens und Grübelns müde geworden ist.

Oft neigen Leute – auch heute – dazu, sich von der Gemeinde zurückzuziehen, wenn sie mit dem Leben und dem Glauben nicht mehr klarkommen. Keiner soll wissen, wie's innerlich aussieht, hinter der frommen Fassade. Und wenn die bröckelt, dann lieber ganz wegbleiben. Keiner soll nachfragen, geschweige denn reinreden. Man kommt schon irgendwie alleine klar. Und überhaupt: Was bringt eigentlich ein Gottesdienstbesuch? Wann zuletzt hat man da etwas Bewegendes, Hilfreiches erlebt oder gar echte Nähe Gottes gespürt? Ist das alles nicht doch nur ein frommes Ritual? Und die Gemeinde ein Club von Insidern, der lieber unter sich bleibt und keinen Blick hat für den, der draußen ist und Fragen hat und Zweifel?

Ja, das ist typisch: Rückzug in der Krise. Für sich bleiben mit allen Fragen und Grübeleien und mit der Kränkung: Mich versteht ja doch keiner. Und je länger der Rückzug dauert, umso größer wird der Abstand. Umso tiefer der Frust. Vielleicht ist da noch die Spur einer Sehnsucht nach dem Heiligtum Gottes: Wie gerne würde ich wieder dazugehören. Aber ich traue mich nicht. Unsicherheit macht sich breit – auch bei denen, die »drin« sind: Wie kann ich ihn ansprechen? Wie ihr sagen, dass sie fehlt? Wie ihnen eine Brücke bauen zurück?

Du, Asaf, hast diese grüblerische Rückzugstendenz irgendwann überwunden. Und ich kann mir gut vorstellen, dass es auch dich Mut gekostet hat. Dass du innere – vielleicht auch äußere – Hürden überwinden musstest. Aber irgendwann hast du gespürt: Die »Qual«, mich auf mich selbst und die eigenen verkrümmten Gedanken und Gefühle zu verlassen, wird einfach zu groß. Wenn es einen Weg für mich geben soll, muss ich umkehren. Ja, mich bekehren. Mich zu Gott hin kehren. Seine Nähe suchen. Seine Erlösung annehmen. Eintreten in »sein Heiligtum«.

Das kann ein hilfreicher Anstoß auch für uns heute sein, wenn wir mit dem Grübeln und Zweifeln am Ende sind: mal wieder einen Gottesdienst besuchen, eine Versammlung im Namen Gottes. In einer schönen Kirche, einer schlichten Kapelle oder auch einem kleinen Wohnzimmer. Vielleicht sich in die hinterste Reihe setzen. Oder zögerlich an den Rand. Aber sich doch einlassen auf die Gemeinschaft der christlichen Gemeinde. Keine perfekte Show nach dem eigenen Geschmack erwarten, aber Hilfe zum Leben. Keine tadellos reine Gemeinschaft suchen, aber Menschen, die mit auf dem Weg des Glaubens sind. Nicht mit Antworten auf alle Fragen rechnen, aber die Einladung wahrnehmen: Gott will mir begegnen.

Manchmal muss man dafür den »inneren Schweinehund« überwinden, am Sonntagmorgen den Wecker stellen und rechtzeitig aufstehen. Man muss vielleicht ein paar Kilometer mit dem Auto fahren, einen fremden Raum betreten, unbekannte Leute treffen und ungewohnte Töne hören. Aber vielleicht wird man eine positive Überraschung erleben, wenn man sich traut, »einzutreten in das Heiligtum Gottes«, wenn man mit offenen Ohren und im Herzen bereit hinhört. Dann kann – vielleicht nicht beim ersten Mal, aber doch irgendwann irgendwo – das Wunder geschehen: Gott selbst kommt nahe. In der Musik. In der Predigt. Im Bibellesen. In den Leuten, die ganz überraschend mit freundlichem Blick sagen: »Schön, dich zu sehen!« – »Gut, dass du – wieder – da bist!« Und dann kann es sein: Der Knoten des Grübelns löst sich. Quälende Fragen verändern sich. Antworten kommen in Sicht.

Das lerne ich von dir, Asaf, und aus deinem Psalm: Gib dem Glauben eine Chance! Und dem Gottesdienst – trotz aller Frusterfahrung. Und der Kirche – trotz aller Enttäuschung.

Es war eine Qual für mich, bis ich eintrat in die Heiligtümer Gottes. Vielleicht ist hier aber auch mehr gemeint als der konkrete Ort des Tempels in Jerusalem. Die Mehrzahl »Heiligtümer Gottes« könnte auch ein bildhafter Ausdruck sein für die Geheimnisse Gottes, in die du, Asaf, eindringst.

Vielleicht beschreibst du eine besondere, eine mystische Gotteserfahrung, in der du tief innerlich mehr von Gott gespürt und begriffen hast, von seiner Heiligkeit und seinem Weg mit den Menschen. Es ging dir ein Licht auf für die Wirklichkeit Gottes, die mehr ist als jedes menschliche Verstehen. Dieses »Eintreten in die Heiligtümer Gottes« ist unverfügbar und ein Geschenk. Es meint ein In-der-Gegenwart-Gottes-Sein, das letztlich unabhängig ist von einem auch noch so heiligen Ort.

Das ist die erlösende Wende: Es fällt dir wie Schuppen von den Augen. Du erkennst, wie es wirklich ist mit denen, denen es anscheinend so gut geht. Du begreifst, »wie sie enden«. Du gewinnst ganz überraschend Einblick, wie es hinter der Fassade aussieht: Das Glück der Gottesleugner ist doch nur vorläufig. Der Erfolg nicht von Dauer. Vom Ende her gesehen zeigt sich: Das ach so schöne Leben ohne Gott ist letztlich hohl und leer. Der hebräische Begriff »Ende« meint die Lösung eines Prozesses, den Ausgang eines Problems, die Klärung einer Frage. Am »Ende« wird sich zeigen: Gott ist es, der das letzte Wort hat. Seine Kinder gewinnen das wirkliche Leben. Dabei hat das »Ende« schon begonnen, Gott ist schon am Werk.

Erstmalig in deinem Psalm, Asaf, redest du Gott jetzt direkt an: *Du stellst sie auf schlüpfrigen Grund, du stürzt sie in Täuschung und Trug. Sie werden plötzlich zunichte, werden dahingerafft und nehmen ein schreckliches Ende, wie ein Traum, der beim Erwachen verblasst, dessen Bild man vergisst, wenn man aufsteht …* Eindrücklich, wie du den Ball zurückspielst! So, wie du durch das strotzend glückliche Leben der Frevler ins Straucheln kamst, ja fast gefallen wärst, genauso ergeht es jetzt den Feinden Gottes durch sein Eingreifen.

Hans-Joachim Kraus beschreibt das so:

> *Schon jetzt steht es fest: Der Boden, die Basis, auf der die Menschen der Macht, des Glücks und des Erfolgs ihr Leben aufgebaut haben, ist unbeständig und brüchig. Wie auf einem glatten, rutschigen Boden kommen sie zu Fall. Sie stürzen, und alles, was sie sind und haben, zerbricht zu einem großen Trümmerhaufen. Das imponierende, bleibenden Bestand verheißende und von*

Effektivität strotzende Dasein verschwindet; es vergeht plötzlich – »wie ein Traum« ... Man erwacht: »Sie sind vergangen.« Man steht auf und schüttelt das lästige Traumbild ab ... Das gottlose und gottfremde Leben, wie es sich auch aufblähen und gedeihen mag, hat keinen bleibenden Bestand, keine Zukunft.[5]

Ich merke, Asaf, wie mich deine Welt- und Menschensicht auch erschreckt. Sie ist mir fremd in einer Zeit, in der ich – wie viele andere Christen – versuche, auf Menschen, die ohne Gott leben, positiv zuzugehen. Ich wünsche mir, sie wertschätzend zu locken für den Glauben. Da klingen deine Worte hart. Aber gleichzeitig sind sie in ihrer Härte auch realistisch und letztlich hoffnungsvoll angesichts des inneren Kampfes, den dein Psalm beschreibt: Am Ende setzt sich Gott doch durch – gegen allen Anschein.

Ja, lieber Asaf, das war eine richtig schwere Lektion, die du da lernen musstest – wie du selbst sagst: *Mein Herz war verbittert, mir bohrte der Schmerz in den Nieren.* Dein Herz, das heißt dein Wille, deine Entscheidungskraft, tat sich schwer, einen neuen Weg zu finden. Und es ging dir alles buchstäblich an die Nieren. Deine Selbsterkenntnis tut gut. Und den Spott über dich selbst, der mitklingt, lese ich mit Schmunzeln: *Ich war töricht und ohne Verstand, war wie ein Stück Vieh vor dir.*

Ich merke: Wie oft sind auch wir heute einfach vernagelt. Wie eine »dumme Kuh« oder ein »Ochs vorm Berg« stehen wir blöd da und sehen verbittert nur das übermächtige Problem, die aussichtslose Situation, die feindlichen Gegner. Wie oft erkennen wir nicht den guten Weg, den Gott für uns hat. Sind blind für seine Liebe, die sich trotz allem und durch alles durchsetzen wird.

Du, Asaf, und wir heutigen Leserinnen und Leser mit dir, sind in deinem Psalm einen anstrengenden Weg gegangen. Auch wir wären fast gestolpert im Hin und Her der Gedanken und Gefühle: die Glücklichen – aber ich? Die Menschen ohne Gott – aber ich? Der traditionelle Glaube – aber ich? Die Güte Gottes – aber ich? Eine Zerreißprobe für Kopf und Herz, für Glauben und Leben, bei der einiges auf dem Spiel stand.

Doch am Ende steht die Erkenntnis, besser gesagt die Erfahrung: Fröhlich-feistes Wohlergehen, strotzend-starke Großmäuligkeit, überheblich-hochmütiger Machtmissbrauch – all dies wird zusammenfallen wie ein Kartenhaus. Es ist vom Ende her gesehen so vorläufig und wird verschwinden wie ein flüchtiges Traumbild.

Was bleibt am Ende? Die Treue Gottes. Seine Macht. Eine Felsen-feste Lebensbasis. Eine wirklich-wahre Hoffnungsperspektive.

Danke, Asaf, für das ehrliche Grübeln in deinem Psalm. Und für die erlösende Wende. Nein – dafür danke ich Gott. Er ist es, der alles am Ende wendet – und sei die Kuh noch so dumm und der Ochs vorm Berg noch so störrisch …

Deine Andrea

Ein vierter Brief an Asaf: die vertrauensvolle Gewissheit

Ich aber bleibe immer bei dir, du hältst mich an meiner Rechten.
Du leitest mich nach deinem Ratschluss und nimmst mich am Ende auf in Herrlichkeit. Was habe ich im Himmel außer dir? Neben dir erfreut mich nichts auf der Erde. Auch wenn mein Leib und mein Herz verschmachten, Gott ist der Fels meines Herzens und mein Anteil auf ewig.
Ja, wer dir fern ist, geht zugrunde; du vernichtest alle, die dich treulos verlassen.

Psalm 73,23–27; EÜ

Lieber Asaf,

»Ich aber« – so hast du im zweiten Vers deines Psalms dein Nachdenken über Gott und die Welt, über dich und die Tragfähigkeit deines Glaubens eröffnet. Es klang nach Konflikt, nach Unsicherheit, nach Zweifel. Und nun schreibst du wieder: »Ich aber …«

Wenn ich das hier lese, dann ist diese Wiederholung für mich mehr als ein poetisch geschickter, sprachlicher Kniff, der den Text rundet. Hier rundet sich eine Lebenserfahrung. Das »Ich aber« klingt hier nach durchstandenem Konflikt, nach Zuversicht und Vertrauen: *Ich aber bleibe immer bei dir.* Vielleicht klingt auch ein wenig Trotz mit, wie ihn Martin Luther in seiner Übersetzung dieses Verses ausdrückt: »Dennoch bleibe ich stets an dir.«

Du, Asaf – und wir Heutigen mit dir –, warst zwar oft »töricht und wie ein Stück Vieh« auf diesem langen Weg der Anfechtung, aber am Ende steht ein tieferer Glaube, ein gestärktes Vertrauen, eine neue Sicherheit, ein anderes »Ich aber«: *Ich aber bleibe immer bei dir!* Was für ein wunderbares Bekenntnis zu Beginn des letzten Teils deines Psalms!

Diese Worte der vertrauens- und erwartungsvollen Gewissheit, bei Gott zu bleiben, sind auch heute für unzählige Menschen in unterschiedlichsten Situationen ein sehr persönliches Gebet – zum Beispiel für die, von denen ich dir schon geschrieben habe:

für die von vielen Krankheiten und zunehmender Blindheit gequälte ältere Frau. Manchmal sagt sie mir am Telefon: »Glaub mir, es geht mir gut! Ich hatte so ein reiches Leben! Und spüre täglich, Gott ist mir nahe und tröstet mich, wenn die Schmerzen überhandnehmen! Wie gut, dass ich ihn habe und die Gemeinde. Da wird anderes so unwichtig. Gleich höre ich mir die CD vom letzten Gottesdienst an – ich freue mich drauf!«

Oder für die ehemalige Schauspielerin, die an schwerem Gelenkrheuma leidet: »Wenn ich mal wieder so eine schwierige Operation vor mir habe, dann weiß ich: Ich muss nicht darüber ›wegtapfern‹. Ich darf mir meine Angst eingestehen. Und auch meine Schwäche. Ich werde getragen durch das Gebet, auch durch das Gebet anderer. Ja, dieses ›Dennoch‹ passt zu mir! Manchmal wundere ich mich richtig, dass ich so fröhlich und ausgeglichen bin und Lust zum Leben habe …«

Oder für die Eltern des durch den Verkehrsunfall umgekommenen jungen Mannes. Brutal abgebrochenes Leben und ein unzeitiger Tod. Die Beerdigung des 21-Jährigen war eine der eindrücklichsten, die ich bisher erlebt habe. Tieftraurig, aber trotzdem voller Hoffnung. Wir spürten die Gewissheit: »Du nimmst mich am Ende mit Ehren an!« Die Eltern sagen heute: »Der Schmerz kommt immer wieder hoch. Aber wir können weiterleben, weil wir glauben und wissen: Er ist aufgenommen in Gottes Herrlichkeit. Und da werden wir uns wiedersehen.«

Ein weiter Hoffnungshorizont öffnet sich in deinem Psalm, lieber Asaf.

Ich aber bleibe immer bei dir! Mit dieser Einleitung in den letzten Teil deines Psalms wendest du dich bewusst hin zu Gott, versprichst ihm dein »Bleiben«. Das ist interessant, denn an vielen anderen Stellen im Alten Testament, wo die frühe Geschichte des Volkes Israel erzählt wird, ist es Gott, der den Menschen sein Mitgehen und Dabeisein verspricht.

So zum Beispiel bei der Verheißung an den Erzvater Isaak: »Bleibe als Fremdling in diesem Lande, und ich will mit dir sein und dich segnen; denn dir und deinen Nachkommen will ich alle diese Länder geben ...« (1. Mose 26,3).

Und als der Erzvater Jakob auf seiner Wanderung von der Himmelsleiter träumt, spricht Gott zu ihm: »Und siehe, ich bin mit dir und will dich behüten, wo du hinziehst, und will dich wieder herbringen in das Land. Denn ich will dich nicht verlassen, bis ich alles tue, was ich dir zugesagt habe« (1. Mose 28,15).

Josua hört, als er den Auftrag bekommt, das Volk Gottes in das Gelobte Land zu führen: »Lass dich nicht grauen und entsetze dich nicht, denn der Herr, dein Gott, ist mit dir in allem, was du tust« (Josua 1,9).

Sein »Mitsein«, seinen Schutz und seine Begleitung lässt Gott seinem Volk auch durch den Propheten Jesaja versprechen: »Fürchte dich nicht, ich bin mit dir; weiche nicht, denn ich bin dein Gott. Ich stärke dich, ich helfe dir auch, ich halte dich durch die rechte Hand meiner Gerechtigkeit« (Jesaja 41,10).

Das ist die in Tradition und Glauben des Volkes Israel vielfach bezeugte, unverbrüchliche göttliche Verheißung: »Ich bin mit dir.« So stellt sich Gott selbst vor (2. Mose 3,14), das ist sein Name: »JAHWE – Ich bin da.« Ich werde sein, der ich sein werde. Für dich.

Und in deinem Psalm lese ich nun das andere, das auch dazugehört – sozusagen die menschliche Antwort: »Dennoch bleibe ich stets an dir.« Oder: *Ich aber bleibe immer bei dir.*

Das ist wahr und wichtig: Nähe ist nie einseitig, wenn es wirkliche Nähe ist. Das gilt auch für die Beziehung zwischen Gott und Menschen. So höre ich das heute persönlich neu als Gottes Versprechen: Ich bin mit dir. Ich will mich selbst daran festmachen. Und antworten, eine Entscheidung für mein Leben treffen: *Ich aber bleibe immer bei dir*. Denn: *Gott nahe zu sein ist mein Glück.*

Diese Nähe umfasst das ganze Leben – Vergangenheit, Gegenwart und Zukunft. *Du hältst mich an meiner Rechten* könnte man nämlich auch so übersetzen, wie die Verbform im hebräischen Ursprungstext nahelegt: »Du hast mich an meiner rechten Hand ergriffen.« Das heißt: Gottes Begleitung reicht in die Vergangenheit. Auch rückblickend waren da schon Schutz und Zuwendung von Gott. Er fasste und fasst immer wieder an der Hand – mitten in allen Auseinandersetzungen. So lesen wir auch bei Jesaja: »Siehe, zu Spott und zuschanden sollen werden alle, die dich hassen; sie sollen werden wie nichts, und die Leute, die mit dir hadern, sollen umkommen ... Denn ich bin der Herr, dein Gott, der deine rechte Hand fasst und zu dir spricht: Fürchte dich nicht, ich helfe dir!« (Jesaja 41,11.13).

Lieber Asaf, vielleicht ging es dir ähnlich wie uns heute: Oft erkennen wir erst im Rückblick, dass Gott bereits unsere Hand ergriffen hatte. Dass sein Schutzschirm über uns war. Dass er uns begleitet hat – in Krankheit, in Trauer, in Verzweiflung. Das ist ein wichtiger Blick zurück: *Du hältst mich an meiner Rechten.*

Aber Gottes Nähe umfasst auch die Gegenwart: *Du leitest mich nach deinem Ratschluss.* Du hast in deinem Psalm eindrücklich beschrieben, was ja auch unsere Erfahrung heute oft ist. Grübeleien kreisen ohne Ergebnis: Warum ist mein Leben so und nicht anders? Selbstgesuchte Wege führen in eine Sackgasse: Welche berufliche, private Perspektive bleibt mir? Orientierungslosigkeit macht sich breit und macht hilflos: Was gibt meinem Leben Sinn?

Wie gut tut es da, nach Gottes Rat und Weg zu fragen! Und sich darauf verlassen zu können: *Du leitest mich nach deinem Ratschluss.* Oft verstehen wir Gottes Gedanken und Wege nicht. Aber: »Meine Gedanken sind nicht eure Gedanken, und eure Wege sind nicht meine Wege, spricht der Herr, sondern so viel der Himmel höher ist als die Erde, so sind auch meine Wege höher als eure Wege und meine Gedanken höher als eure Gedanken« – so sagt es der Prophet Jesaja im Auftrag Gottes (Jesaja 55,8).

Ist das nicht eine wunderbare Perspektive – himmlische Wege für uns kleine Menschen? Nicht alles verstehen, aber vertrauen. Und leben mit Gott als fürsorglichem Ratgeber. Schritt für Schritt.

Und Gottes Nähe zielt auch auf die Zukunft – sie endet nicht, wenn unser Leben endet: *Und nimmst mich am Ende auf in Herrlichkeit*, oder, wie Martin Luther übersetzt: »und nimmst mich am Ende mit Ehren an«. Hier ist das zukünftige Ziel des menschlichen Lebens gemeint: aufgenommen werden in Gottes Herrlichkeit am Lebensende. Im Alten Testament ist sonst häufig die Rede davon, dass Gott ein Gott der Lebenden ist. Die Beziehung zwischen Gott und Mensch endet mit dem Tod. Ziel menschlichen Lebens ist ein lebenssattes Sterben in Gottes Hand. Aber dein Psalm, Asaf, deutet eine neue, eine weitere Perspektive an: Die Geschichte Gottes mit dem Menschen endet nicht mit dem körperlichen Ende, mit dem *Verschmachten von Leib und Herz*. Gemeinschaft mit Gott bleibt auch über den Tod hinaus bestehen. Gott bleibt *Fels meines Herzens und mein Anteil auf ewig*. Er hat Macht, uns Menschen zu sich zu »nehmen«, in seine Herrlichkeit. Schenkt uns »Anteil« an seinem Erbe. Und lässt uns so seine Ehre zuteilwerden. Was für eine wunderbare, über das irdische Leben hinausweisende Perspektive des Glaubens!

Lieber Asaf, im Licht dieses Glaubensbekenntnisses

erscheint dein ganzer Psalm in einem neuen Licht – dieser lange Weg von Zagen und Zweifel, von Entrüstung und Enttäuschung, den wir als heutige Leser mit dir gegangen sind: Dein Gott, unser Gott, ist tatsächlich der siegreiche Herr. Seine Macht, die die Gotteslästerer so hämisch infrage stellen, setzt sich durch: *Ja, wer dir fern ist, geht zugrunde; du vernichtest alle, die dich treulos verlassen.* So fasst du abschließend das Geschick der Gottlosen zusammen, wie es deiner weisheitlichen Tradition entspricht.

Das ist die Botschaft deines Psalms: Der Treulosigkeit der Menschen steht die unverbrüchliche Treue Gottes gegenüber. Nichts, nicht Krankheit und Leid, nicht Anfeindung und Zweifel, auch nicht der letzte Feind, der Tod, kann von ihm trennen.

Wenn ich über all das nachdenke als Christin, so kann ich das nicht tun, ohne auch das »mitzulesen«, was der Apostel Paulus Jahrhunderte später den Christen in Rom und den Christen aller Zeiten weitergegeben hat – auch für ihn eine persönlich hart erkämpfte Erkenntnis und zugleich eine von Gott geschenkte Glaubensgewissheit:

> *Was wollen wir nun hierzu sagen? Ist Gott für uns, wer kann wider uns sein? Der auch seinen eigenen Sohn nicht verschont hat, sondern hat ihn für uns alle dahingegeben – wie sollte er uns mit ihm nicht alles schenken? Wer will die Auserwählten Gottes beschuldigen? Gott ist hier, der gerecht macht. Wer will verdammen? Christus Jesus ist hier, der gestorben ist, ja vielmehr*

der auch auferweckt ist, der zur Rechten Gottes ist und uns vertritt. Wer will uns scheiden von der Liebe Christi? Trübsal oder Angst oder Verfolgung oder Hunger oder Blöße oder Gefahr oder Schwert? … Ich bin gewiss, dass weder Tod noch Leben, weder Engel noch Mächte noch Gewalten, weder Gegenwärtiges noch Zukünftiges, weder Hohes noch Tiefes noch eine andere Kreatur uns scheiden kann von der Liebe Gottes, die in Christus Jesus ist, unserm Herrn (Römer 8,31-35.38f).

Als Christen – so beschreibt es der Apostel Paulus im 11. Kapitel seines Briefes an die Gemeinde in Rom – sind wir wie junge Zweige, die »eingepfropft« sind in einen alten Ölbaum, in den Baum der Geschichte Gottes mit seinem – deinem – Volk. Die Kraft der Wurzel trägt auch uns. Wir dürfen, auch ich darf Anteil daran haben, an ihrem Saft und ihrer Kraft – durch die Liebe Gottes, die er zuletzt erwiesen hat in seinem Sohn Jesus Christus!

Was für ein Wunder! Unser Gott ist treu!

Ich grüße dich herzlich in Verbundenheit!

Deine Andrea

Ein altes Buch – und Gottes Wort durch die Zeiten

Vorsichtig nehme ich das dicke Buch zur Hand: der schwarze Einband fleckig, der Buchrücken fledderig, fast aufgelöst. Und noch vorsichtiger schlage ich es auf – von hinten nach vorne. Bemüht, die vergilbten Seiten dabei nicht ganz herauszulösen, lese ich von rechts nach links. Es ist der Psalmenkommentar von Rabbiner Samson Raphael Hirsch[6]. Nach einer Weile finde ich Psalm 73 – auf Hebräisch und daneben in einem altertümlich fremden und zugleich anschaulichen Deutsch:

> *Psalm von Asaf. Nur gut ist Jisraels Gott denen, die geläuterten Herzens sind. Ich aber, wenig fehlte, so wären meine Füße abgeneigt, wie nichts meine Schritte hingegossen worden. Denn ich beneidete die glänzend Scheinenden, sah das ungetrübte Glück Gesetzloser.*
> *Für ihren Tod sind keine Bande vorhanden und gesund ist ihre Kraft. Unter den Mühen der armen Menschheit sind sie nicht, und mit andern Menschen werden sie nicht von Leid betroffen.*
> *Darum umhalst sie Stolz, hüllt ihre Gestalt sich in Gewalt. Sie tritt hervor aus dem Speck ihres Auges, hinaus treten des Herzens Gebilde. Noch fauler im Bösen machen sie durch Reden den Rechtsraub, sprechen aus der Höhe herab, richten gegen den Himmel ihren Mund, und ihre Zunge ergeht sich auf Erden. …*

Völlig vergebens habe ich mein Herz rein gehalten und wusch in Lauterkeit meine Hände und wurde dabei von Leid getroffen jeden Tag, und mit jedem Morgen ward meine Zurechtweisung mir. …
Bis ich einging in die Heiligtümer Gottes, mich umsehen lernte nach ihrem Ende.
Nur auf Glätten gibst Du ihnen Stand, hast sie aber damit dem Hinfall an Täuschungen überlassen. Wie waren sie da augenblicklich zur Verödung geworden! …
Ich war aber gleichwohl stets bei Dir, Du hattest meine Rechte ergriffen, wolltest durch Deinen Rat mich leiten und dann in die Herrlichkeit zu Dir hinnehmen. Wen habe ich denn auch einst im Himmel, und neben Dir habe ich kein Verlangen weiter auf der Erden. Schmachtet auch mein Leib und mein Herz, Fels meines Herzens und mein Anteil bleibt Gott auf ewig.
Denn siehe, die von Dir Entfernten gehen zugrunde, der Erstarrung überlässest Du jeden, der sich in Untreue von Dir wendet.
Ich aber, Gottes Nähe ist mir das Gute, in meinen Herrn, Gott, der seine Liebe zu Recht bewährt, habe ich meine Zuversicht gesetzt, alle Deine Schickungen zu erzählen.

Samson Raphael Hirsch lebte von 1808 bis 1888 und war ein berühmter Gelehrter der deutsch-jüdischen Orthodoxie des 19. Jahrhunderts, eine Zeit lang auch Rabbiner in »meiner« Stadt Oldenburg.

Vers 1 aus Psalm 73 erklärt er so:

> *An der Spitze des Psalms steht als Grundsatz: »nur gut« oder »doch gut« ist Gott Israel, d.h., Gott ist gut, alles, was von Gott kommt, ist Güte, selbst wenn eine oberflächliche Anschauung der Zustände und Ereignisse das Gegenteil zu ergeben scheint. Der Beweis dieses Satzes bildet eben den Inhalt dieses Kapitels.*[7]

Und der letzte Vers des Psalms, unsere Jahreslosung, ist für ihn ein persönliches Glaubensbekenntnis:

> *Ich aber, wie mich dies Gottes Heiligtümer gelehrt, mir ist die Gottesnähe das einzige Gut; nur in Gott, der mich gewürdigt, ihn meinen Herrn nennen zu dürfen, und der in seinen ernsten Führungen mir gerade seine höchste Liebe bewährt, in ihn habe ich meine Zuversicht gesetzt, alle Prüfungen zu überdauern, und die wechselnden Geschicke meines Lebens als Gottes Sendungen, Gottes Schickungen zu erzählen, wie in ihnen allen Gott (als der Einzige) sich mir bewährt hat.*[8]

Das alte Buch könnte eine interessante Geschichte erzählen: 1914 in Frankfurt am Main gedruckt, gelangte es irgendwie nach Südamerika, gehörte dann eine Zeit lang einem/einer S. Philipp aus Herzlya in Israel – so der Eintrag. Kleine Zettelchen finden sich darin – handschriftliche Notizen zur Gesundheit (»Keinen Alkohol außer Wein trinken!«) und Rezepte, zum Beispiel aus dem Jahr 1961 (»Dr. Eichenholz: gegen starke Kopfschmerzen Beritex 3x täglich«). Freunde von mir kauften es vor einigen Jahren bei einem Antiquar in Jerusalem.

Viel ist unterstrichen in dem Buch. Wer alles mag darin schon Psalm 73 gelesen haben? Wo? Wann? In welchem Schmerz? Aus welcher Freude?

Angerührt lese ich, wem Rabbi Hirsch seinen Psalmenkommentar gewidmet hat: »Dem Andenken seiner am 3. Ijjar 5642 nach 50-jähriger Ehe in ihrem 77. Lebensjahr verstorbenen Frau Johanna geb. Jüdel – der treuen Freundin seines Lebens, der treuen Genossin seines Strebens, der treuen Stütze und Beraterin seines Hauses und Wirkens ... – In liebender Verehrung«.

Vorsichtig schlage ich das Buch wieder zu. Ja, der lebendige Gott begleitet Menschen in seinem Wort durch wechselvolle Zeiten. Gestern. Heute. Morgen.

Nähe Gottes – persönlich erlebt

»Das ist meine Freude ...« Gotteslob von Jung und Alt

Ein Telefongespräch mit meiner Mutter. Ich erzähle ihr von dem neuen Buchprojekt, an dem ich arbeite. Interessiert fragt sie: »Wie heißt denn die Jahreslosung 2014?« »Gott nahe zu sein ist mein Glück«, antworte ich und bin gespannt auf ihre Reaktion. Stille am anderen Ende der Leitung. »Wie? Sag das noch mal!« Ich wiederhole: »Gott nahe zu sein ist mein Glück.« Und grinse ein wenig in den Hörer, weil ich es lustig finde, dass ich meine Mutter, lebenslange Christin, eifrige Bibelleserin und langjährige Pastorenfrau, so verblüffen kann.

»Hab ich ja noch nie gehört ... Wo steht das denn?« Ich habe noch einen Trumpf: »Ganz bekannte Stelle. Sogar eines deiner Lieblingsworte. Heißer Tipp: aus einem Psalm. Müsste eine Pastorenfrau eigentlich kennen ...« Aber sie kommt nicht drauf. Und das wundert mich nicht. Mir ging es ähnlich, ich musste auch erst nachgucken. Dann löse ich das Rätsel: »Du kennst das Wort so: ›Das ist meine Freude, dass ich mich zu Gott halte‹ – und so geht's dann ja weiter – ›und meine Zuversicht setze auf den Herrn!‹« Meine Mutter reagiert sofort – und enttäuscht: »Dieses schöne Wort, das mir so viel bedeutet – das heißt jetzt so in der Jahreslosung? Das finde ich schade!«

Ich kann diese Reaktion verstehen. Und vermute, dass viele ähnlich auf die neue Jahreslosung reagiert haben. Der Luthertext ist vertraut und lieb und wert. Die Einheitsübersetzung klingt fremd, nicht so melodiös, eher etwas abgehackt. Das ist eine Irritation. Gerade auch für Menschen, die vor allem mit der Lutherbibel vertraut sind.

»Das ist meine Freude, dass ich mich zu Gott halte!« Im hebräischen Ursprungstext ist nicht eindeutig, ob das Verb aktivisch-transitiv zu verstehen ist – also im Sinne der Lutherübersetzung als »sich zu Gott halten« – oder passivisch-intransitiv – also im Sinne der Einheitsübersetzung eher als Zustand, als »Gott nahe sein«. Und entsprechend ist nicht ganz eindeutig im Text, wer hier eigentlich wem nahe kommt: Komme ich Gott nahe, indem ich mich zu ihm halte – und das ist meine »aktive« Freude? Oder kommt mir Gott nahe, bin ich deshalb ihm nahe – und das ist mein »erlebtes« Glück?

Vielleicht drücken sich in diesen beiden unterschiedlichen Übersetzungen von Psalm 73,28 auch unterschiedliche Glaubensprägungen und Frömmigkeitsstile aus. Da ist der Glaube vieler in der älteren Generation – eher geprägt davon, von sich aus aktiv zu werden, es »richtig« und recht zu machen, Gott zu gehorchen, eben: sich an ihn und an seine Gebote zu halten und dadurch Freude zu empfinden. Und da ist der Frömmigkeitsstil vieler Jüngerer – eher geprägt vom Sein in der Nähe Gottes, das sich zum Beispiel ausdrückt in intensivem und langem Lobpreis, das lebt von Gottes selbstverständlicher Zuwendung, die dann als »Glück« empfunden wird, als etwas Umfassenderes als »Freude«. Unsere unterschiedlichen Frömmigkeitsstile könnten sich auch in der Sprache spiegeln: Reden nicht Ältere eher von der »Freude« an der Zugehörigkeit zu Gott, zuweilen auch von der manchmal nicht unanstrengenden »Freudigkeit des Christenlebens«? Und sprechen nicht Jüngere schneller und unbedarft vom »Glück« des Lebens allgemein und dem des Glaubens im Besonderen?

Wie auch immer: Die Einheitsübersetzung – und wen wundert das – ist moderner, nüchterner, auch kantiger als der von vielen geliebte Luthertext. Und so vielleicht »attraktiver« für die jüngere Generation, um ihren Glauben in einem Jahresmotto zu beschreiben?

Das Telefongespräch mit meiner Mutter ist nicht zu Ende, nachdem wir uns über die verschiedenen Übersetzungen von Psalm 73 ausgetauscht haben. Im Gegenteil. Sie erzählt mir, wie dieses Psalmwort sie lebenslang begleitet hat – gerade auch in seiner bekannten Chorvertonung: »Das, das, das – ist meine Freude ...« Als langjährige frühere Chorsängerin summt sie das Lied gern vor sich hin. Am liebsten würde sie auswendig mitsingen, wenn der Gemeindechor diese Motette anstimmt ... Und an beschwerlichen Tagen des Alters, in Zeiten des Alleinseins als Witwe macht ihr dieses Lied Mut, sich auf die Freude an Gott zu besinnen. Und das »Dennoch des Glaubens« neu zu »glauben«.

Ursprünglich war es eine doppelchörige Motette von Johann Ludwig Bach. Der Komponist war ein entfernter Verwandter von Johann Sebastian Bach, der ihn sehr schätzte. Johann Ludwig Bach lebte von 1677 bis 1731 und war Hofkapellmeister in Meiningen, daher sein Beiname »der Meininger Bach«. Seine Chorstücke gelten als Meisterwerke der barocken Motettentradition, so auch die Vertonung von Psalm 73,28. In einem fein gesponnenen »Dialog« von acht Stimmen entfaltet sich der Psalmtext und steigert sich am Ende ins höchste Jubilieren: »Das ist meine Freude, dass ich mich zu Gott halte und meine Zuversicht setze auf den Herrn.«

In der vereinfachenden Bearbeitung durch Paul Ernst Ruppel ist die Motette weit verbreitet in vielen Kirchenchören und wird gern gesungen von unzähligen Laienchorsängern und -sängerinnen. Da ist dieser stakkatoartige Beginn: »Das, das, das ist meine Freude«, der mündet in das jubilierende »meine Freueueueueude, meine Freueueueueude ...« Wenn es gut geht, klingt das wirklich schwungvoll und nicht leiernd. Und das Lied strahlt etwas von der Freude an Gott aus. Eher verhalten klingt der zweite Teil des Satzes: »Dass ich mich zu Gott halte und meine Zuversicht setze auf den Herrn!« Schnell geht die Motette dann wieder mit vielen Sechzehnteln zur Freude über, bevor sie bekräftigend und kräftig ausklingt: »Das ist meine Freude!«

Kein Wunder, dass dieses Lied so beliebt ist! Beim Singen oder Hören breitet sich die Freude richtig aus. Ihre Ursache – das Sich-zu-Gott-Halten – tritt zwar musikalisch eher zurück, ist aber als Anspruch und Herausforderung doch deutlich. In dieser musikalischen Fassung ist die Jahreslosung für 2014 nicht nur bekannt, sondern seit Generationen in vielen Köpfen und Herzen tief verwurzelt. Bestimmt gibt es Anfang 2014 auch ein Lied zur Jahreslosung in der Einheitsübersetzung. Oder sogar mehrere. Denn das ist klar: Über das Singen prägen sich Bibelworte ein. Mehr noch: Manchmal ist der Glaube überhaupt ein Singen – ein Singen von leisen und lauten, von fröhlichen und traurigen Tönen. Da ist es dann irgendwann egal, in welcher Übersetzung sich der Glaube »weitersingt«.

Entscheidend ist, was ein anderer Psalm – Psalm 103 – so sagt: »Lobe den Herrn, meine Seele, und was in mir ist, seinen heiligen Namen. Lobe den Herrn, meine Seele, und vergiss nicht, was er dir Gutes getan hat.«

Mit alten und mit neuen Liedern, mit unserer Seele und mit unserer Kehle – im Hebräischen übrigens dasselbe Wort –, mit unserem ganzen Leben sollen wir die Freude an Gott weitertragen. Ob jung oder alt – wir sollen nicht vergessen, sondern uns selbst und andere immer wieder daran erinnern: Gott ist gut! Er meint es gut mit mir! In seiner Nähe wächst Lebensglück – an schönen und an schweren Tagen. Ein Leben lang – und: »Er macht deinen Mund fröhlich, dass du wieder jung wirst wie ein Adler« (nach Psalm 103,5). Wenn das nichts ist …

»... dass ich mich zu Gott halte« Zuversicht im Leben und Sterben

Noch immer spreche ich mit meiner Mutter über die Jahreslosung, als am anderen Ende der Telefonleitung ein Moment Stille herrscht. Dann fragt meine Mutter: »Du erinnerst dich doch, wann dieses Wort aus Psalm 73 in unserer Familie eine Rolle spielte?« Natürlich erinnere ich mich. Psalm 73,28 war die Überschrift über der Traueranzeige und der Beerdigung meines Vaters vor immerhin nun schon fast zehn Jahren.

Mein Vater war Pastor. Er hat seinen Beruf geliebt und sicher – wie man so schön sagt – in seinen Gemeinden »im Segen gewirkt«. Kurz vor seinem 70. Geburtstag – die große Feier war schon geplant – erkrankte er an einer sehr seltenen Virusinfektion des Rückenmarks. Innerhalb von vier Stunden – er hatte am Abend vorher noch einen Vortrag gehalten – stieg nachts eine Lähmung von den Füßen hoch bis zum Bauchbereich. Zunächst gab es ärztlicherseits noch Hoffnung, dass sich alles wieder zurückbilden würde. Eine Reha wurde anberaumt, aber schnell wurde doch klar, dass die Querschnittslähmung bleiben würde.

In einem »Augenblick« vom rüstigen Rentner zum schweren Pflegefall – was für eine Herausforderung! Aber der alte Herr hat sie bewundernswert gelassen angenommen. Es bedeutete für ihn: Hobbys und Pläne lassen. Beweglichkeit und Selbstständigkeit, ja das ganze bisherige Leben überhaupt loslassen. Andere machen lassen und auch die intimsten Pflegemaßnahmen zulassen. Und dabei gelassen bleiben, geduldig und fröhlich. Und – das fand ich besonders eindrücklich – Würde behalten.

Die Schwestern des Pflegedienstes versorgten diesen freundlichen Patienten gern und schütteten zuweilen auch ihr Herz bei ihm aus. Auch andere Besucher kamen gern vorbei. Trotz starker Nervenschmerzen, die zunehmend auch mit Morphium kaum mehr zu bekämpfen waren, lag er zufrieden in seinem Pflegebett, von seiner Frau liebevoll umsorgt. Zur Freude am Leben gehörte für ihn nach wie vor auch der Gottesdienstbesuch, wann immer ihn meine Mutter in seinem Rollstuhl zur Kirche fahren konnte. Das war für ihn ein Glück: Nähe zu Gott und anderen Christen.

Ab und zu beteiligte er sich auch an der Gestaltung des Gottesdienstes: Früher ein ausgezeichneter Klavier- und Orgelspieler, konnte er die Pedale zwar nicht mehr bedienen, aber trotzdem vom Rollstuhl aus die Lieder begleiten. Und weil es ihm ja nun nicht mehr möglich war, die Kanzel zu besteigen, stellte man ihm einen Tisch auf, von dem aus er einige Male im Sitzen predigte. Die Gemeinde hat ihm gerne zugehört.

Ob er da auch einmal über Psalm 73 gepredigt hat? Ich weiß es nicht. Aber es hätte gut gepasst. Denn er mochte diesen Psalm schon immer und hat ihn bestimmt in dieser Zeit neu für sich entdeckt. Konnte sich gut hineinversetzen in das Gebet und den Beter, der Gott und die Welt nicht mehr versteht. Der sein Leiden herausschreit. Und die Frage, warum es denn den Gottlosen so gut geht und ihm so schlecht.

Mein Vater musste in dieser Zeit sehr konkret erleben, was der Psalm beschreibt: »Ich bin doch täglich geplagt, und eine Züchtigung ist alle Morgen da …« Er wusste, wie das ist, wenn trotz aller Pflegebemühungen zunehmend »Leib und Seele verschmachten«. Wenn durch Nervenschmerzen, die sich wie ein Ring um den Körper legen, es »mir wehe tat im Herzen und mich stach in meinen Nieren«.

Mein Vater war – wie der Psalmbeter – ein gottesfürchtiger Gerechter. Hatte klare Überzeugungen, die er auch gern weitergab. Er meinte, gut zu wissen, was von der Bibel her und im Leben als Christ richtig und falsch, förderlich und nicht zuträglich ist. Aber dann dieser schwere Schicksalsschlag im Alter. Er hat nicht viel darüber geredet, aber ich habe doch mitbekommen, dass er sich auf seinem Krankenlager auch diese Frage gestellt hat: »Soll es denn umsonst sein, dass ich mein Herz rein hielt und meine Hände in Unschuld wasche?«

Er ist den Weg des Psalmisten mitgegangen – von einer fraglosen Überzeugung: »Gott ist Israels Trost für alle, die reinen Herzens sind«, über die tiefe Anfechtung: »Ich wäre fast gestrauchelt mit meinen Füßen«, bis hin zu einem neuen, tief gegründeten »Dennoch des Glaubens«, auf das Psalm 73 am Ende hinausläuft: »Dennoch bleibe ich stets an dir.«

Für mich als Tochter, die längst nicht immer mit ihm einer Meinung war und sich oft auch an ihr gerieben hat, war es schön, zu erleben, wie er in seiner Krankheitszeit ein besseres Verständnis gewann für die Brüche im Leben von Menschen, die sich nicht mit »richtig« oder »falsch« beschreiben lassen, und auch für die Weite des Glaubens, der sich letztlich nicht in dogmatischen Lehrsätzen fassen lässt. Wie viele andere habe auch ich mich immer wieder gewundert, wie gelassen und zuversichtlich er war und wie er sich auch von der heftigen Pflegebedürftigkeit nicht unterkriegen ließ. Auf ganz neue Art wurde er nach seiner langen Pastorenzeit in diesen letzten schweren Lebensjahren zu einem glaubwürdigen Zeugen dafür: »… dass ich mich zu Gott halte … dass ich verkündige all dein Tun.«

Als dann nach fast zehn Jahren Krankheit seine Kräfte immer weiter nachließen und auch meine Mutter am Rande ihrer Kraft war, nahm Gott ihn – wie es der Psalm sagt – »am Ende mit Ehren an«. Er durfte friedlich einschlafen.

Und schnell war für meine Mutter und uns als ganze Familie klar, welches Bibelwort wir über die Traueranzeige setzen wollten: »Das ist meine Freude, dass ich mich zu Gott halte und meine Zuversicht setze auf den Herrn, dass ich verkündige all dein Tun.«

Es war eine große Beerdigung mit vielen Menschen, die meinen Vater kannten und schätzten. Und der Chor hat gesungen. Natürlich diese Motette: »Das ist meine Freude«. Ein Jubellied mit fröhlich schneller Tonfolge bei einer Trauerfeier – ungewöhnlich, aber schön. Ob mein Vater mitgejubelt hat im Himmel?

Dennoch bleibe ich stets an dir; denn du hältst mich bei meiner rechten Hand, du leitest mich nach deinem Rat und nimmst mich am Ende mit Ehren an. Wenn ich nur dich habe, so frage ich nichts nach Himmel und Erde. Wenn mir gleich

Leib und Seele verschmachtet, so bist du doch, Gott, allezeit meines Herzens Trost und mein Teil ... Das ist meine Freude, dass ich mich zu Gott halte und meine Zuversicht setze auf Gott, den Herrn, dass ich verkündige all dein Tun.

Zuversicht: Was für ein Geschenk – wenn Leib und Seele verschmachten! Gott nahe sein: Was für ein Glück – im Leben und im Sterben!

»Dennoch bleibe ich stets an dir ...«
Eine Christin in der DDR

Mit dem üblichen »Ping« landet die E-Mail in meinem Postkasten. Betreff: »Vorhin ...« Ich öffne sie gleich. Nett, denke ich, dass Uta-Maria mir noch einmal schreibt.

Liebe Andrea,

gleich breche ich wieder auf zu einer Sitzung und habe inzwischen noch eine Menge erledigen können. Unterschwellig geht mir unser Gespräch vorhin aber immer noch unvermutet stark nach, und es war auch für mich wertvoll, heute durch das Erzählen in so manches Erlebte wieder einzusteigen.

Ja, ich bin für meinen Lebensweg wirklich sehr dankbar und freue mich, so vieles so intensiv – gerade WEIL es Hürden gab – erlebt zu haben.

Mir ist heute ganz neu bewusst geworden: Ich habe einen langen Weg von ganz viel Starre und Strenge zu Lebendigkeit und Freiheit zurückgelegt. Und es kommt mir vor, als wenn Gott von dem Wesen, als das er mich geschaffen hat, über die Jahre viele hinderliche Bandagen abgelöst hat. Inzwischen kann man immer besser erkennen, was er sich Tolles ausgedacht hat. ☺ Bin mal gespannt, wo das noch hinführt.

Na ja, ich komme gerade ins Philosophieren ...

Dir produktives Arbeiten und liebe Grüße!

Uta-Maria

Vor wenigen Stunden hatte sie sich von mir verabschiedet. Wir hatten zusammen am Ofen gesessen und Tee getrunken – gemütliche Stimmung mitten im Alltag. Das eine oder andere Stückchen Schokolade war im Mund gelandet – Nervennahrung beim Nachdenken. Ich hatte viel gefragt, sie viel erzählt.

Ich kenne Uta-Maria aus der Gemeinde, in der wir beide seit vielen Jahren heimisch sind und uns engagieren. Irgendwann hatte sie mir von ihrem Konfirmationsspruch erzählt: »Dennoch bleibe ich stets an dir, denn du hältst mich bei meiner rechten Hand, du leitest mich nach deinem Rat und nimmst mich am Ende mit Ehren an.« Ein zentrales Wort aus Psalm 73, mit dem ich mich gerade – aufgrund dieses Buches – intensiv beschäftigte. Und deshalb wollte ich nun gern wissen, was dieser Spruch für sie bedeutet.

Uta-Maria wurde 1959 als Zweitälteste von vier Geschwistern in Dresden geboren. Ihr Vater, von Beruf Ingenieur, erzog seine Kinder geradlinig. Christ zu sein, durchaus auch mit regimekritischem Akzent – man verehrte Persönlichkeiten wie Martin Niemöller –, war schon für seine Eltern Tradition. Die Familie gehörte zur Landeskirchlichen Gemeinschaft in Dresden und der regelmäßige Besuch von Kirche und »Gemeinschaft« war selbstverständlich. Diese »Pflicht« schenkte Geborgenheit in einer ganz anders geprägten Umwelt. Noch heute erinnert sich Uta-Maria an das Lied »Wir sind des Heilands Himmelsblumen« oder an erlebnisreiche Mädchenrüstzeiten.

Dass ihre Familie »anders« war, erlebte Uta-Maria

zum ersten Mal schon vor ihrer Schulzeit. Sie musste die Vorschule besuchen wie die Kinder, die nicht zum Kindergarten gegangen waren. Dass sie einen kirchlichen Kindergarten besucht hatte, zählte nicht. Auch nicht, dass sie schon überaus geschickt mit Schere und Bleistift umgehen konnte. In der ersten Klasse wurden dann Aufnahmeanträge für die »Pioniere« verteilt – ein nicht zu hinterfragendes »Angebot«. Sie wurde nicht angemeldet. Als Einzige.

Uta-Maria war eine begabte Schülerin, immer eher unterfordert. Sie bekam sehr gute Noten, Belobigungen und Leistungsurkunden, erhielt nebenbei Flöten-, Gitarren- und Klavierunterricht, erteilte Mitschülern selbst Nachhilfe und war beliebt in der Klasse … Dann in der Vorbereitungszeit auf die erweiterte Oberschule anscheinend ein Leistungsabfall: plötzlich schlechtere Noten. Maximal drei aus der Klasse durften zur Oberschule delegiert werden. Uta-Maria war nicht dabei. Stattdessen die Tochter eines SED-Mitglieds, die bisher nicht durch überragende Leistungen aufgefallen war. Der Widerspruch war erfolglos.

Während einer Klassenfahrt musste Uta-Maria zu Hause bleiben und den Unterricht in einer anderen Klasse besuchen. Denn: Es war eine (verkappte) Jugendweihefahrt. Was blieb, war das schmerzliche Gefühl: Ich gehöre nicht dazu. Aber auch das Wissen: Der Weg ist gut, den ich gehe. Ich weiß nur noch nicht, wohin …

Nach wie vor lernte Uta-Maria leicht. Und viel. Aber vor allem dies: Die anderen dürfen und kriegen, was sie wollen; ich nicht. Und keiner spricht offen darüber.

Was zu Hause geredet wird, gilt in der Schule nicht, und was in der Schule gelehrt wird – zum Beispiel die von sozialistischer Ideologie geprägte Deutung von Geschichte, Literatur und Kunst –, ist mit Vorsicht zu genießen.

Dann irgendwann in der 7. Klasse ein Vertreter der »Kinder- und Jugendsportschule Dresden« auf Talentsuche. Uta-Maria, groß und sportlich, erschien ihm ideal fürs Rudern. Sie war begeistert: endlich eine wirkliche Herausforderung – Nachwuchskader im Leistungssport! Mehrere Monate bereitete sie sich zeitaufwendig für die »im Interesse unserer DDR sehr wahrscheinliche« Aufnahme an dieser Eliteschule vor. Kurz vor dem Aufnahmetermin die herbe Enttäuschung: abgelehnt. Ohne Erklärung. Ohne Begründung.

Uta-Maria wurde konfirmiert. Für das junge Mädchen die ernst gemeinte Bekräftigung seines Glaubens. Der Pfarrer suchte sehr bewusst den Konfirmationsspruch aus: »Dennoch bleibe ich stets an dir, du hältst mich bei meiner rechten Hand, du leitest mich nach deinem Rat …«

»Dennoch« an Gott dranbleiben. Auf seinen »Rat« vertrauen. Das war nicht einfach für die junge Christin. Da war Frust. Es gab viele offene Fragen. Am schlimmsten war für den erwachenden kritischen Geist diese Unklarheit. Diese Sprachlosigkeit. Dieses Versteckspiel der Verantwortlichen. Der Vater ließ sich im Wirrwarr der zuständigen Stellen nicht abweisen. Schließlich die Antwort des »Stellvertreters des Vorsitzenden des Bezirksvorstands des Deutschen Turn- und Sportbundes«: »Ich bin bei der Ablehnung Ihrer Tochter dabei gewesen und trage hierfür die Verantwortung. Doch ich bin nicht verpflichtet, Details mitzuteilen.« Punkt. Schluss.

Nach der Schulzeit bewarb sich Uta-Maria für die Ausbildung zur Physiotherapeutin. Auswahlkriterien für das begrenzte Kontingent der Ausbildungsplätze: »überragende Leistungen« – Uta-Maria hatte die Durchschnittsnote 1,1 – und »außerschulisches Engagement« – das konnte sie reichlich nachweisen. Dass damit allerdings im Grunde die Mitgliedschaft in der FDJ und die Jugendweihe gemeint waren, stand nirgendwo offiziell. Uta-Maria wurde abgelehnt, Mitbewerber mit Durchschnitt 1,6 angenommen. Wieder offene Fragen. Wieder die Herausforderung: »Dennoch bleibe ich ...«

Uta-Maria machte – nach den üblichen »Umlenkungsgesprächen« – eine Handwerkerlehre als Bandagistin in der Orthopädietechnik. Nicht wirklich herausfordernd, aber auch nicht uninteressant. Nebenbei bewegte sie ihre Finger an der Orgel – und machte ihre C-Prüfung als Kantorin; sie bewegte ihren Geist an der Abendschule – und machte ihr Abitur; und sie bewegte immer wieder auch ihre Seele: »Dennoch« will ich an Gott dranbleiben, was ist sein »Rat«, welchen Weg »führt« er mich?

Uta-Marias Interesse an der Orthopädie wuchs, aber ihre Bewerbung zum Medizinstudium wurde abgelehnt. Nachdem sie über fünf Jahre an der »Produktionsgenossenschaft des Handwerks (PGH) Medizintechnik« gearbeitet hatte, wurde sie von den Kollegen als neue Vorsitzende der PGH vorgeschlagen. In der Sitzung, in der dies offiziell bestätigt werden sollte, erschienen plötzlich einige unbekannte Herren in auffällig unauffälligem Outfit, die der verdutzten Belegschaft einen Unbekannten aus Berlin als neuen Vorsitzenden vorstellten. Parteikräfte hatten im letzten Moment verhindert, dass eine leitende Position von einem »politisch unzuverlässigen Kader« besetzt wurde. Wieder eine Kränkung, wieder die Frage nach dem »Dennoch« und dem »Rat« ihres Gottes.

Uta-Maria verließ die PGH und arbeitete als Hilfspflegerin an einem Spezialkrankenhaus für Orthopädie – war dies vielleicht ein Umweg zu ihrem Ziel? Wieder eine Bewerbung um einen Studienplatz in Medizin, wieder eine Ablehnung.

Ihre vielen Begabungen wollte Uta-Maria nicht brachliegen lassen, sondern irgendwie nutzen – für Gott und Menschen. Deshalb nun an einer kirchlichen Ausbildungsstätte das Studium der Religionspädagogik und nebenbei an der Musikhochschule Dresden die Ausbildung zur Musikerzieherin. Kantorin war sie ja schon und so bestens vorbereitet für den Dienst in einer Kirchengemeinde. Fünf Jahre – bis 1991 – wirkte sie als »Kantor-Katechetin« in drei kleinen Dorfgemeinden in der Sächsischen Schweiz, leitete Chöre und Kurrende, Jugendkreise und Musikgruppen, versah den Orgeldienst, unterrichtete Christenlehre, Flöte, Gitarre und Klavier. Im Rückblick eine erfüllte Zeit. Ein guter »Rat« Gottes.

Als die Studentenmission in Deutschland (SMD) ihr anbot, Reisesekretärin zu werden und die nach der Wende überall aufsprießenden Schülerbibelkreise im Südosten der Republik zu betreuen, nahm sie gerne an. Und weil sie im Rahmen ihrer Arbeit immer wieder auch Religionsstunden an Schulen gab – wo übrigens nicht nur Schüler, sondern auch Lehrer mit großen Augen und offenen Ohren zuhörten –, wuchs in ihr der Wunsch, Lehrerin zu werden.

Was zu DDR-Zeiten undenkbar war, wurde nun also möglich. Offiziell anerkannt als »verfolgte Schülerin des SED-Regimes«, begann sie im »hohen« Alter von siebenunddreißig ein Lehrerstudium in Dresden. Und weil es durch den Geburtenknick nach der Wende nicht ausreichend Lehrerstellen gab im Osten, führte ihr Weg sie in den Westen. Eigentlich ausgebildet als Grundschullehrerin, arbeitet sie seit einigen Jahren gerne und erfolgreich an einer Hauptschule in der Nähe von Oldenburg. Übrigens – Hürden aufbauen und bürokratische Hindernisse in den Weg stellen – das konnte auch der Westen gut: Uta-Marias pädagogische Kenntnisse und Kompetenzen, die sie in zehn Jahren erworben hatte, wurden nicht anerkannt. Auch das Referendariat musste in voller Länge absolviert werden.

Was für ein schlängeliger Weg! Wie viele Hürden und Umwege! Sicherlich in vieler Hinsicht typisch und »normal« für Menschen, die in der damaligen DDR versuchten, mit geradem Kreuz ihren Weg als Christen zu gehen. Doch wenn ich das so höre als etwa Gleichaltrige, aber als West-Kind so ganz anders aufgewachsen und geprägt, dann kann ich das nur bewundern: diese Frustrationstoleranz! Und diese Durchhaltekraft! Ich werde an Psalm 73 erinnert – wo es denen, die nichts mit Gott am Hut haben, ungerecht gut geht und die Leute, die sich an Gott halten, kämpfen müssen, nicht zu ihrem Recht kommen ... am Ende aber doch sehen, dass es sehr gut ist!

Auch Uta-Maria sagt heute, dass sie für vieles dankbar ist. Immer wieder staunt sie über den Weg Gottes mit ihr. Zum Beispiel, dass das nichts geworden ist mit dem Leistungssport und der Karriere als Ruderin: »Schau mich große, kräftige Frau an – wie würde ich wohl aussehen, wenn ich noch gedopt worden wäre?«

Nach den vielen Hindernissen und Kränkungen bei der Berufswahl liebt sie heute ihren »Job« an der Schule je länger, je mehr: »Wie gut, dass ich noch zur DDR-Zeit Schülerbibelkreise kennengelernt und durch sie Lust bekommen hatte auf den Lehrerberuf! Und die Arbeit mit den Hauptschülern passt einfach gut zu mir. Da ist es gar nicht schlecht, dass ich mal Ruderin werden wollte: Kondition ist gefragt! Obwohl: vielleicht mehr noch ein weites Herz ...«

Auch geistlich war es kein leichter Weg. Irgendwann wurde für Uta-Maria der Glaube, wie sie ihn in ihrer Familie und in der »Gemeinschaft« kennengelernt hatte, zu eng. Als sie spürte, was für ein frommer Druck dort herrschte, begann sie, unbequeme Fragen zu stellen und gegen Gesetzlichkeit und Glaubensstrenge zu protestieren.

Eine Zeit lang ging sie gar nicht mehr zum Gottesdienst. »Das war für mich so eine Art Experiment. Ich wollte testen, ob Gott das aushält. Und ich merkte, er hält das aus. Ich kann mich von ihm entfernen, er bleibt mir trotzdem nahe. Das war irgendwie überraschend und eine gute Erfahrung. Vielleicht ging es mir ganz ähnlich, wie es der Beter in Psalm 73 beschreibt: Irgendwann hatte ich genug gegrübelt und suchte wieder die Nähe Gottes.«

Uta-Maria fand ihren Weg aus der Enge in die Weite. Sie wurde so immer mehr zur Gesprächspartnerin für andere und lernte zugleich, auf eigene Bedürfnisse zu achten. Dies gilt auch für die Rheumaerkrankung, die vor einiger Zeit plötzlich auftrat: »War das ein Schock! Kein Klavier mehr spielen? Eine wirklich schlimme Vorstellung! Aber es war auch ein Hilfeschrei meines Körpers. Inzwischen kann und darf ich viel sorgsamer mit mir selbst umgehen!« Der bisher wundersam positive Verlauf der Erkrankung ist ein Geschenk für sie. Und wieder eine Bestätigung ihres Bibelverses: »Dennoch bleibe ich stets an dir ...« – weil Gott es gut meint.

Uta-Maria lebt ihr Leben fröhlich und intensiv. Mit einem Beruf, der sie erfüllt. Mit musikalischen Hobbys, die ihr Freude machen. In einem engen Beziehungsnetz, das trägt. Wirklich spannend, ihre Geschichte zu hören – und Mut machend: So führt Gott »dennoch« wunderbar nach seinem Rat ...

Ich lese noch einmal Uta-Marias Mail. Und klicke auf »Antworten«:

Liebe Uta-Maria,

auch in mir klingt unser Gespräch noch nach. Danke für deine Offenheit und dass ich von dir erzählen darf. Das wird bestimmt viele Leserinnen und Leser berühren.

Witzig – hast du eigentlich gemerkt, dass du in dei-

ner Mail sprachlich an deinen ersten Beruf erinnert hast – »Bandagistin«? ☺

Gott wirkt als einer, der »Bandagen« löst, damit das Eigentliche, das Wertvolle sichtbar wird. Ein schöner Gedanke! Da können wir alle gespannt sein, was dadurch bei uns noch sichtbar wird …

Ich wünsche dir jedenfalls, dass du das immer wieder erlebst: Dennoch – »Gott nahe zu sein ist mein Glück!«

Bis bald mal wieder zum Tee?

Herzlich,
Andrea

»Gott ist der Fels meines Herzens ...« Eine Ordensschwester im Hospiz

Vor einigen Jahren habe ich es in Jerusalem besucht: das French Hospital, eine Einrichtung des französischen Ordens der St.-Josephs-Schwestern. Nah an der Altstadt, direkt an einer belebten Kreuzung.

Der monumentale burgähnliche Bau aus der Mitte des 19. Jahrhunderts wurde ursprünglich als Allgemeinkrankenhaus gebaut. Später wurde er als Krebsklinik genutzt. Lange bevor bei uns die Hospizbewegung modern wurde, wurde das French Hospital ein Hospiz. Etwa fünfzig Menschen – Sterbende, aber auch schwer chronisch Kranke – werden aufgenommen.

Statt weißer Sterilität offene Türen zu den Krankenzimmern und gemusterte Bettwäsche mit bunten Decken darüber. Überall gehen Besucher ein und aus oder nehmen auf dem Sammelsurium von Stühlen auf dem Gang Platz. In einer Ecke des Flurs spielt ein alter Mann auf seinem Keyboard, umringt von anderen Kranken in Rollstühlen. Sie summen die Lieder mit, schunkeln oder lauschen einfach den Tönen. Die Musik durchdringt die ganze Station. Dazwischen laufen Pflegerinnen und Pfleger ohne Hast hin und her und teilen das Essen aus. Eine gelassene Fröhlichkeit ist spürbar, wo man eher bedrückte Stille erwartet hätte ...

Das French Hospital hat vom Oberrabbinat das Zertifikat »Koscheres Krankenhaus« erhalten. Auch die muslimischen Speisevorschriften werden eingehalten. Das ist wichtig. Denn jeder soll hierherkommen können. Und das geschieht auch: Orthodoxe Juden, muslimische Araber und palästinensische Christen leben und arbeiten hier zusammen. Dieses Haus ist ein Ort an der Grenze: an der Grenze zwischen Ost- und Westjerusalem. An der Grenze zwischen den Religionen. An der Grenze zwischen Leben und Tod. Und: Dieses Haus ist ein Ort der Nähe Gottes. Das spürt jeder, der hierherkommt.

Ich lernte damals auch die Direktorin des French Hospital kennen, die deutsche Ordensschwester Monika Düllmann. Als Theologiestudentin zum ersten Mal nach Jerusalem gekommen, hatte sie damals nicht nur die Liebe zu dieser Stadt und zu diesem Land gepackt, sondern nach einem Praktikum im French Hospital auch die Liebe zu dieser Aufgabe: Menschen begleiten auf ihrer letzten Wegstrecke. Seit vielen Jahren lebt Schwester Monika nun engagiert ihre Berufung: »Die Botschaft in der letzten Lebensphase ist für alle Religionen gleich: Das Leben ist wertvoll, und es ist aufgehoben in Gott – bis über die letzte Grenze hinweg. Das möchten wir unsere Patienten erleben lassen – egal, wer sie sind, egal, woher sie kommen.«

Im Rahmen meiner Beschäftigung mit dem Psalmwort *Gott nahe zu sein ist mein Glück* nahm ich noch einmal Kontakt auf zu Schwester Monika und fragte sie, wie sie Psalm 73 versteht. Ihre Antwort: »Wenn ich verzweifelt nach einer Antwort auf eine Frage suche und sie nicht finden kann – dann sollte ich vielleicht die Frage ändern. Das ist genau das, was der Psalmist tut. Er hadert mit Gott, weil es den Bösen gut geht. Wo ist da Gottes Gerechtigkeit? Schließlich erkennt er selbst, dass ihn das nicht weiterbringt, sondern ›zu Fall‹ … Es macht ihn ›verbittert‹. Dann wechselt er die Perspektive, schaut auf Gottes Handeln an sich selbst und findet Frieden.

Mir ging es ähnlich, als ich als junge Volontärin hier anfing im Krankenhaus. Da war diese Frau mit Knochenmetastasen, die solche Schmerzen hatte. Ich fragte Gott: ›Warum? Welchen Sinn hat dieses Leid?‹ Ich erhielt keine Antwort, habe bis heute keine Antwort. Ich wollte damals weglaufen, das Zimmer verlassen, aber etwas hielt mich zurück – der Gedanke: Sie kann auch nicht weglaufen … Und wenn ich ihr schon nicht helfen kann, kann ich das wenigstens mit ihr aushalten. Und das versuchen wir bis heute. Trotz aller modernen Palliativmedizin gibt es Momente, da können wir nichts mehr tun. Nur dies: nicht weglaufen. Im Zimmer bleiben und den Schmerz mit aushalten. Manchmal dauert es sehr lange, bis Menschen sterben dürfen und können.

Auf die Frage, warum Gott das Leiden zulässt, habe ich keine Antwort. Ich versuche, sie ihm zu überlassen. Ich kann das wohl nur, weil ich weiß, dass in Jesus Gott das ganze menschliche Leiden selbst durchgemacht hat. Und weil ich glaube, dass er auch heute mitleidet. Die Frage hinter der Frage, die mich nie mehr losgelassen hat, ist die: ›Was kann ich tun, um Leiden zu lindern?‹«

Ich wollte von Schwester Monika wissen, wie sie persönlich Glück und Nähe Gottes erlebt: »Oft fragen mich Leute, wie ich das denn aushalte, jahrelang mit Sterbenden zu arbeiten, Tote in den Keller zu bringen, verzweifelte und trauernde Familien zu begleiten. Aber ich erlebe dabei so viel Glück und überraschende Nähe Gottes. Aber wie das ›erklären‹ – dass ich Gottes Gegenwart spüre? Dass die Patienten in der letzten Lebensphase so viel schenken – mehr, als wir ihnen schenken können? Oft darf ich Zeugin kleiner ›Wunder‹ sein. Zum Beispiel, wenn mit guter Schmerzbehandlung und Begleitung Menschen Frieden finden. Wenn sich Feinde am Krankenbett versöhnen, wenn Menschen ihr letzter Wunsch erfüllt wird.

Wie soll ich erklären, dass mein Glaube an das Leben in der kommenden Welt immer stärker wird, je mehr Menschen ich beim Schritt über die Grenze begleiten darf? ›Was habe ich im Himmel außer dir?‹, fragt der Beter von Psalm 73. Das heißt mit anderen Worten für mich: Die, die jetzt sterben und die ich dabei begleiten darf – und irgendwann einmal auch ich –, wir haben im Himmel alles, nämlich ihn. Das ist meine Hoffnung. Und hier, im Auf und Ab des Alltags, in Krisen erlebe ich: ›Gott ist der Fels meines Herzens.‹ Das ist meine Kraftquelle.«

Schwester Monika erzählt, dass sich immer wieder Menschen aus den verschiedenen Bevölkerungsgruppen im Haus begegnen: »Der politische Konflikt zwischen den verschiedenen Parteien erscheint nach wie vor unlösbar. Keiner hat die Antwort, wie ein dauerhafter Friede geschaffen werden kann. Aber wir erleben, wie Menschen, die unterschiedlichen Konfliktparteien angehören, im gleichen Zimmer an den Betten ihrer Angehörigen sitzen und sich gegenseitig fragen: ›Wie geht es deiner Mutter heute? Hat sie die Augen aufgemacht?‹ Und: ›Wie geht es deinem Vater? Hat er etwas essen können?‹ Das sind kleine Augenblicke der Versöhnung.«

Mitten in der lauten Metropole Jerusalem, mitten in einem gespaltenen Land, das neue Mauern baut, werden in diesem kleinen christlichen Krankenhaus Mauern abgebrochen. Hier zählt nur der Mensch. Hier tun alle möglichst das, was der Einzelne gewollt hätte, auch wenn er es selbst nicht mehr formulieren kann. Respekt vor seiner Würde, seinem Leben, seinem Glauben – bis an die Grenze. So kommt Gott hier nahe. Durch Menschen, die den Auftrag Jesu leben: »Was ihr einem meiner geringsten Brüder getan habt, das habt ihr mir getan.« Denn Christus hat keine Hände – nur unsere Hände, um seine Arbeit heute zu tun. Christus gebraucht seine Leute, um seine Liebe weiterzutragen. Auch in diesem kleinen friedlichen Hospiz in der großen friedlosen Stadt.

Eine Geschichte, die mir Schwester Monika erzählt hat, werde ich nicht vergessen: Über drei Monate lang lag ein orthodoxer Jude auf der Station. Beständig redete er in dieser Zeit vor sich hin: »Der Messias kommt! Der Messias kommt! Ich sag es euch: Der Messias kommt ...« Das war manchmal richtig nervig. Seine Frau ermahnte ihn immer wieder: »Sei doch mal still! Das stört!« Die christliche Pflegerin aber meinte: »Lass ihn ruhig reden. Wenn er darauf hofft, dafür betet, dass der Messias kommt, dann ist das gut für euch Juden. Und das ist auch gut für uns Christen. Wir glauben doch auch, dass Jesus wiederkommt.« So hatte der alte Mann seine Lebenshoffnung beständig auf den Lippen und im Herzen – bis zuletzt: »Der Messias kommt.«

Nach seinem Tod bedankte sich seine Frau für die Pflege und meinte: »Ich habe gesehen, wie ihr hier im Hospiz miteinander lebt. Und wie liebevoll ihr mit den Kranken umgeht. Ist das nicht die Zeit des Messias, wenn Menschen verschiedener Völker und Religionen in Frieden miteinander leben? Dadurch, dass mein Mann die letzten Wochen seines Lebens bei euch gelebt hat, hat sich seine Hoffnung wenigstens ein bisschen erfüllt. Und so konnte er in Frieden sterben.«

Ja, so ist das wohl, wenn der Messias kommt: Frieden breitet sich aus. So ist das mit der Nähe Gottes: Sie versöhnt. Sie tröstet. Sie schenkt Kraft. Sie wird zum »Fels meines Herzens«. Auch an der Grenze zwischen Leben und Tod.

»Nichts kann uns trennen ...«
Ein Bibelvers für mich

Wie, wann, wodurch kann man Nähe Gottes erleben? Darauf gibt es viele Antworten. Sehr unterschiedliche. Ganz persönliche. Viele Menschen erfahren die Nähe Gottes in einem Bibelvers, der ihnen begegnet – ungeplant, zufällig. Das Bibelwort wird zu einem überraschend gut passenden »Schlüssel«, der ein vertracktes Problem, eine ungeklärte Lebensfrage aufschließt, Durchblick und eine Perspektive schenkt. So wird die Situation zu einem »Schlüsselerlebnis«, das lange in Erinnerung bleibt. Oder auch dies: Ein Bibelvers, bewusst ausgesucht und zugesprochen, zum Beispiel bei der Taufe, der Konfirmation, der Trauung wird zu einer persönlichen Anrede Gottes. Er taucht an Schaltstellen des Lebens immer wieder auf, das »alte« Wort wird immer wieder »neu«.

Es ist sicherlich spannend, sich einmal zu fragen – gerade dann, wenn man/frau im Moment so gar nichts spürt von Gottes Nähe: Was ist eigentlich »mein Bibelvers«? Wo ist mir in der Vergangenheit Gott in einem Bibelwort begegnet? Wo kann ich durch dieses Wort seine Spuren in meinem Leben entdecken? Oder wie kriege ich so vielleicht Lust, Gott heute neu zu suchen?

Solch ein »Schlüsselbibelvers« – das ist für viele Christinnen und Christen dieser Satz aus dem 73. Psalm: *Gott nahe zu sein ist mein Glück.* Oder auch in der Übersetzung von Martin Luther: »Das ist meine Freude, dass ich mich zu Gott halte und meine Zuversicht setze auf Gott, den Herrn.« Starke Worte und eine tragfähige Lebensbasis ... Auch ich habe »meinen Bibelvers« – und eine Geschichte dazu.

Ein Sommerabend in Norwegen. Mit anderen Jugendlichen aus der Freizeitgruppe sitze ich auf einem Felsen am See und schaue aufs Wasser. Die langsam untergehende Abendsonne spiegelt sich im See, kleine Wellen spielen an Land. Intensive zwei Wochen haben wir miteinander erlebt: Sport, Spiel, Spannung. Begegnung mit anderen und mit uns selbst. Nachdenken über Gott und die Welt.

Wir losen Bibelverse aus. Für jeden ein Wort, das uns begleiten soll, wenn es am nächsten Tag wieder nach Hause zurückgeht. Auf meinem Kärtchen steht: »Ich bin gewiss, dass weder Tod noch Leben, weder Engel noch Mächte noch Gewalten, weder Gegenwärtiges noch Zukünftiges, weder Hohes noch Tiefes noch eine andere Kreatur uns scheiden kann von der Liebe Gottes, die in Christus Jesus ist, unserm Herrn« (Römer 8,38-39).

Erstaunlich, wie gut ich mich erinnere: Noch heute, über vierzig Jahre später, kann ich etwas fühlen von der ganz besonderen, sicher für das Alter typischen Herz-Schmerz-Stimmung an diesem lauen Sommerabend. Nichts kann mich trennen ...

Trennung steht an von den anderen aus der Gruppe. Leider auch von ihm, dem großen Blonden mit den langen Locken und der Gitarre. Abschied von seinem intensiven Blick, seinen interessanten Gedanken und vorsichtigen Annäherungen. Aber es ist auch ein Abschied, bei dem die tollen Erfahrungen mit den anderen Jugendlichen und die begeisternde Nähe zu Gott mitschwingen. »Gottes Liebe ist wie die Sonne«. Zigmal haben wir dieses damals neue Lied in der Gruppe gesungen. Wie die Sonne des Nordens scheint auch die Sonne der Liebe Gottes nicht unterzugehen: »Sie ist immer und überall da …« Das Leben liegt vor mir, verheißungsvoll blinkend wie der See, hell und klar wie der norwegische Abendhimmel.

Viele Jahre später. Ich bin längst verheiratet (natürlich nicht mit dem großen Blonden …) und Mutter von drei Kindern. Mein Sohn ist etwa so alt wie ich damals am norwegischen See. Mir längst über den Kopf gewachsen. Er will Christ werden und sich taufen lassen. Redet aber – auch darüber – nicht viel. Jedenfalls nicht mit seinen Eltern. Überraschend für mich, sucht er sich als Taufspruch »meinen Bibelvers« aus. Als ich ihn da sehe im Gottesdienst – die langen Beine in etwas zu kurzen, weißen Taufhosen – und ihm zuhöre, wie er originell und kritisch versucht, seinen Glauben zur Sprache zu bringen, freue ich mich. Inzwischen arbeitet er nach seinem Pädagogikstudium als Jugendreferent in einer Kirchengemeinde und gibt kreativ und unkonventionell den Glauben an Kinder und Jugendliche weiter. Schön, wie die Kraft dieses Wortes aus dem Römerbrief weiterwirkt von Generation zu Generation.

Nichts kann mich trennen … Meine jugendliche Gewissheit damals – natürlich hat sie sich mit den Jahren verändert. Sie hat Brüche bekommen. Aber sie hat sich doch bewährt. Im kleinen Alltag und in den großen Herausforderungen des Lebens.

Da war immer etwas von einer tiefen Geborgenheit in Gottes Liebe, auch im Jahr 1999, das für mich ebenfalls noch sehr präsent ist – wenn auch von ganz anderen Gefühlen begleitet als die Jugendfreizeit in Norwegen.

Mein Mann ging wegen einer Kleinigkeit zum Arzt – und dann völlig unerwartet der Krebsverdacht. Die ganze Untersuchungsmaschinerie setzte sich in Gang. Gewebeprobeentnahme. Endlose zehn Tage abwarten. Hoffnung, Ungewissheit, dann die böse Diagnose: Lymphdrüsenkrebs im schwersten Stadium. Statistische Lebenserwartung noch sieben Jahre.

Krebs – was allein dieses Wort auslöst an Gedanken und Ängsten ...

Viel ist in diesen ersten Tagen und Wochen zusammengebrochen: für ihn interessante berufliche Pläne, für uns als Familie die unbefangene Sicherheit. Oft habe ich in unruhigen Nächten dieses Bibelwort durchbuchstabiert – mit großem Fragezeichen: »Nichts kann uns scheiden von der Liebe Gottes ...?« Nichts? Nicht »Tod und Leben«? Nicht die »Mächte und Gewalten« dieser Krebszellen? Nicht »Gegenwärtiges und Zukünftiges« für meine Familie? Auch nicht die Frage: Warum? Warum er? In seinem Alter?

Wir merkten, diese Fragen ließen sich nicht einfach verdrängen. Aber sie führten auch nicht weiter. So ganz langsam bekamen sie eine neue Richtung: Wozu? Was bricht durch die Krankheit nicht nur weg, sondern neu auf? Die Freude am Leben zum Beispiel, auch an den kleinen Dingen: eine spontane Fahrradtour zu zweit – früher nicht der Rede wert, jetzt richtig zum Genießen. Oder: arbeiten dürfen, nicht müssen ...

Oder: trotz Chemotherapie Urlaub mit der ganzen Familie im dänischen Sommerhaus. Wir haben das damals als Glück empfunden – unverdient und groß.

Mein Mann versteckte sich nicht in dieser Zeit – auch nicht seine Glatze. Viele Leute wunderte das, manche waren irritiert. Irritiert, weil ein Krebspatient uns stellvertretend vor Augen führt, was wir alle zwar wissen, aber nur zu gern verdrängen: Das Leben ist unverfügbar und begrenzt.

Heute – im Rückblick – denke ich, dass die Kraft meines Mannes, so mutig und richtig trotzig gemeinsam mit der Chemo gegen die Macht der Krebszellen anzukämpfen, auch ein Zeichen dafür war, dass »mein Bibelvers« doch recht hat: Nichts kann uns trennen …

Wir erfuhren in diesen Monaten, dass es richtig ist, sich nicht im Schneckenhaus der Gefühle einzukapseln. Es tat gut, darüber zu reden. Mein Mann bekam viel Post. Oft waren es nicht mehr als ein, zwei kurze Sätze: »Ich denke an dich, an euch.« Manchmal stand da auch: »Ich bete für euch.« Und wir spürten: Das tröstet. Und trägt. Nicht getrennt werden von der Liebe Gottes, zeigt sich eben oft auch ganz schlicht darin, dass man nicht getrennt wird von der Liebe anderer Menschen. So gesehen hatte diese Zeit auch etwas Positives. Übrigens ist es gar nicht so einfach, Nähe in solchen Situationen auszuhalten und zu zeigen – für beide Seiten, für Kranke und Gesunde.

Ich habe in dieser Zeit, als mir oft die Worte zum Beten fehlten, ein altes Gebet für mich entdeckt, in dem Kirchenvater Augustinus um die Nähe Gottes bittet:

Wache du, Herr,
mit denen, die wachen
oder weinen in dieser Nacht.
Hüte deine Kranken.
Lass deine Müden ruhen.
Segne deine Sterbenden.
Tröste deine Leidenden.
Und sei mit deinen Fröhlichen.
Amen.

Sehr lange liegt diese anstrengende Zeit nun schon zurück. Aber daran möchte ich mich immer wieder erinnern lassen – im normalen (Berufs-)Alltag mit seinen Herausforderungen und seinem Stress, der manchmal ganz unnötig nervt: Das Leben ist wirklich ein Geschenk. Unglaublich kostbar. Viel zu schön, um es achtlos zu verbrauchen.

Schnelle fromme Antworten gab es damals nicht. Aber Hoffnung. Und immer wieder dieses leise Wort: »Weder Tod noch Leben ... weder Gegenwärtiges noch Zukünftiges kann uns scheiden von der Liebe Gottes ...« Wir haben diese Liebe erfahren. Mein Mann hat die statistische Lebenserwartung nach dieser Diagnose schon lange »überlebt«. Für uns nicht nur ein Ergebnis guter ärztlicher Betreuung und moderner medizinischer Möglichkeiten, sondern ein Wunder der Liebe Gottes. Seit einiger Zeit muss mein Mann mit chronischer Herzschwäche leben – vermutlich eine Spätfolge der heftigen Chemotherapie. Aber auch damit geht es ihm überraschend gut. Wieder ein Grund zur Dankbarkeit: Gott ist nah.

Heute klingt »mein Bibelvers« für mich wieder anders und neu. Denn seit 2002 muss ich mit der Diagnose »Multiple Sklerose« leben. Typisch für MS, diese Erkrankung des zentralen Nervensystems, ist die Unvorhersehbarkeit des Krankheitsverlaufs. Nur eins ist klar: MS ist nicht heilbar. Das ist eine beständige Herausforderung für meinen Körper und meine Seele – und für meinen Glauben. Und eine neue Bewährungsprobe für »meinen Bibelvers«: Kann mich auch diese Krankheit nicht trennen von der Liebe Gottes?

Durch eine Reihe von MS-Schüben hat sich bei mir eine deutliche Gehbehinderung eingeschlichen, ich bin – amtlich bestätigt – »behindert«.

Mein (schicker!) Rollstuhl gehört unterdessen für mich dazu. Ich brauche ihn nicht immer, aber immer öfter. Und die Rollstuhlperspektive ist gewöhnungsbedürftig ... Die anderen Leute werden groß, ich klein, und das Straßenpflaster zum holprigen Hindernis.

Krankheit als all-tägliche Begleiterin, vom Aufwachen bis zum Schlafengehen, bei allen Plänen und Entscheidungen. Immer diese zusätzliche Energie aufbringen müssen: Was geht trotzdem? Und wie kann es dann gehen?

Da kann ich richtig sauer werden, wenn ein schicker Sportwagen ohne blauen Parkausweis auf dem einzigen Behindertenparkplatz weit und breit steht! Manchmal packt mich der Neid auf die vielen, die anscheinend so unbeschwert durchs Leben gehen. Und immer wieder diese Angst: Wann kommt der nächste Schub, mit welchen Ausfällen? Wie schnell wird der Krankheitsverlauf fortschreiten? Welche Zukunft habe ich?

Manchmal sind auch Kranke und Behinderte nicht nett und leidend und tapfer, sondern einfach nur genervt. Denn die Fragen, die sich stellen, sind oft nicht zum Aushalten – auch für mich als Christin und Theologin: Warum gibt es Krankheit? Warum müssen Menschen schwer beschädigt leben? Hat Gott der Schöpfer da einen schlechten Tag gehabt? Hat Gott der Beschützer im entscheidenden Moment nicht aufgepasst?

Schnelle Antworten auf solche Fragen mag ich nicht: Vielleicht hast du ja selbst Schuld. Oder deine Eltern. Vielleicht hat Gott dir die Krankheit geschickt, um dich zu prüfen oder zu strafen ... – Nein.

Von einem bin ich überzeugt: Gott ist kein Sadist. Das Leiden seiner Geschöpfe ist nicht sein Plan. Und doch gehört das Leiden dazu zu unserer Welt, zu unserem Leben. Menschen und Tiere, Pflanzen und Meere leiden. Die ganze Kreatur leidet unter der Vergänglichkeit und sehnt sich nach Erlösung.

So beschreibt das der Apostel Paulus im 8. Kapitel seines Briefes an die Christen in Rom, aus dem »mein Bibelvers« stammt. Paulus selbst war vermutlich – so deutet er es jedenfalls an (vgl. 2. Korinther 12,7-9) – auch von einer Art Behinderung betroffen und ringt mit seinem Gott um all diese Fragen.

»Nichts in der ganzen Welt kann uns jemals trennen von der Liebe Gottes.« Dies sind für ihn keine leicht dahingesagten bzw. locker hingeschriebenen »Schönwettergedanken«: »Was bleibt zu alldem noch zu sagen? Gott selbst ist für uns, wer will sich dann gegen uns stellen? Er hat seinen eigenen Sohn nicht verschont, sondern hat ihn für uns alle in den Tod gegeben … Kann uns noch irgendetwas von Christus und seiner Liebe trennen? Etwa Leiden, Angst und Verfolgung, Hunger oder Kälte, Gefahren für Leib und Leben oder gar die Hinrichtung?« – So die Übersetzung der Guten Nachricht.

Paulus beschreibt die tiefstmöglichen Erfahrungen des Lebens. Und der letztgültige Erweis der Liebe Gottes ist für ihn, dass der Gottessohn selbst in die tiefste Tiefe gegangen ist, als er am Kreuz starb. Seine Auferweckung vom Tod hat diese Liebe besiegelt und verewigt.

Und deshalb ist sich Paulus – trotz allem – ganz sicher: Mithilfe dessen, der uns so sehr geliebt hat, werden wir alles Leiden überstehen, ja, darüber triumphieren. Nichts kann uns trennen von dieser Liebe. Weder Tod noch Leben. Weder Gegenwart noch Zukunft. Weder Himmel noch Hölle. Nichts in der ganzen Welt. Nichts.

Starke Worte. Für mich oft ein Trost – wenn die Traurigkeit kommt. Ein Versprechen von Glück – wenn das Kranksein viele Lebensmöglichkeiten einschränkt. Ein positiver »Schub«: Die Krankheit ist nicht stärker als die Liebe. Und jeder Mensch ist viel mehr als vielleicht behindert.

Gott ist untrennbar nahe. Seine Liebe trägt. Auch wenn die Kraft – nicht nur in den Beinen – versagt. Liebe bringt in Bewegung. Auch im Rollstuhl. Und manchmal kommt man damit ganz schön weit.

Das Leben bleibt spannend … Und dieser Bibelvers für mich auch …

Gottes Wohnung – bei den Menschen

Der Makler und seine Glaubens-Häuser

Haben Sie sich schon einmal Gedanken darüber gemacht, wo und wie Sie Ihren Glauben »unterbringen« wollen? Für alles Mögliche suchen wir ja einen Platz, wo es hingehört. Wir geben unseren Wünschen und unserer Sehnsucht Raum. Wir geben unserer Zukunft ein Zuhause. Warum also nicht auch unserem Glauben? Warum nicht eine Art »Haus«, um Gott nahe zu sein? Stellen Sie sich also vor, es gäbe Maklerbüros für Glaubens-Häuser. Sie betreten ein solches und ein geschäftsmäßig freundlicher Makler empfängt Sie …

Guten Tag, meine Dame! Guten Tag, mein Herr! Was kann ich für Sie tun? Ein Glaubens-Haus suchen Sie? Ja, dann sind Sie hier richtig. Wir sind ein zertifiziertes Maklerbüro für Glaubens-Häuser. Wir vermitteln Glaubens-Häuser für jeden Geschmack und jeden Stil. Die Menschen wollen Gott ja ganz unterschiedlich nahe sein.

Ich kann Ihnen sagen: Sie befinden sich mit Ihrer Suche in guter Gesellschaft. Das ist schon interessant: Seit Anfang dieses Jahres stellen wir ein vermehrtes Interesse fest. Der Wunsch, Gott nahe zu sein, in Verbindung mit der Sehnsucht nach Glück – das ist anscheinend gerade in diesem Jahr sehr aktuell. Aber keine Sorge – wir sind darauf vorbereitet. Unser Angebot an Glaubens-Häusern für jedermann ist groß.

Bitte, nehmen Sie doch Platz! Gern präsentiere ich Ihnen unser Angebot.

Also, da ist zunächst unser bewährtes Modell »Traditions-Haus«. Sie sehen es auf dem Plan: Es hat gerade Wände, mehrere Stockwerke. Das Mauerwerk ist ausgesprochen massiv und stabil. Da bröckelt auch nach Jahrzehnten nichts. Die Farbe dezent grau, zeitlos. Die Räume alle rechtwinklig, überschaubar, ohne unnötigen Schnickschnack. Wir haben bewusst kleine Fenster eingesetzt, sogar Fensterläden sind im Preis inbegriffen. Man kann das Haus also ganz sicher abschließen – in diesen unruhigen Zeiten ja durchaus sehr sinnvoll für Glaubens-Häuser. Vielleicht ist es zuweilen innen ein bisschen muffig, aber dafür zieht es auch nicht …

Das kommt Ihnen irgendwie gräulich vor? Kein Problem. Ich muss leider zugeben: Unser Modell »Traditions-Haus« ist in letzter Zeit nicht mehr so stark gefragt. Wir müssten wohl mal einen Modell-Relaunch machen. Oder eine neue Werbekampagne. Aber nicht Ihr Thema …

Dann ist vielleicht unser hübsches Modell »Kinder-Haus« was für Sie! Sie sehen: schön bunt und rund, klare Farben, glänzendes Material, keine verletzenden Ecken und Kanten. Wie geschaffen dafür, im Glaubens-Haus Glück zu erleben. Ich kann es Ihnen nur empfehlen! Sehr angenehm ist das im stressigen Alltag und bei knallhartem Leistungsdruck – so ein gemütlich-warmes, kuscheliges Glaubens-Haus, wo man sich mal zurückziehen kann von allen Problemen und fröhlich, vielleicht auch ein bisschen naiv mit seinem Glauben lebt …

Allerdings – ich will es nicht verschweigen, weil wir

doch ab und zu Reklamationen bekommen: Die bunte Beschichtung könnte sich irgendwann lösen. Kunden sagen, dass das »Kinder-Haus« nicht lebenslang hält. Trotzdem – wie gesagt: Wenn Sie kuschelige Nähe suchen und einfaches Glück …

Nein, das »Kinder-Haus« ist es noch nicht so wirklich? Sie brauchen auch ein paar Ecken und Kanten? Moment mal, jetzt hab ich's! Wenn ich Sie so sehe: jung, dynamisch, modern … Das wird auch Sie begeistern: unser Modell »Klapp-Haus« – der Renner in letzter Zeit! Es ist zwar nicht sehr groß, aber so viel Platz wollen und brauchen die meisten Leute heutzutage auch nicht mehr für ihren Glauben. Das Tolle: Sie können dieses Haus ruck-zuck aufbauen, wann und wo Sie wollen. Gern auch mal draußen in der Natur. Oder zu Feiertagen und andern Anlässen. Die gibt's ja immer mal wieder. Für Hochzeiten zum Beispiel bieten wir das »Klapp-Haus« auch in besonders edler Ausstattung an. Und wir liefern dann auch eine kurzfristige Glücksgarantie mit.

Aber das eigentlich Tolle am Modell »Klapp-Haus« ist, dass Sie es auch schnell wieder wegstellen können, wenn es Sie stört. Man bleibt unabhängig und mobil mit dem Glauben und dem Glück, das passt doch genau in das postmoderne Lebensgefühl, nicht wahr?

Übrigens können Sie auch jederzeit Bauteile ergänzen beim »Klapp-Haus«. Wir haben verschieden geformte Scharniere vorgesehen, sodass Elemente aus unterschiedlichsten religiösen Richtungen passen. Vorsicht nur bei starkem Regen oder Sturm – dass es Ihnen mit seinen vielen Klappmöglichkeiten nicht wegrutscht! Vielleicht ist es eher ein Schönwetter-

Glaubens-Haus, aber – wie gesagt – ein echtes Trendmodell …

Nun, meine Dame, mein Herr, ist da was für Sie dabei? Ach, schade … Das ist es alles noch nicht so ganz?

Sie haben festgestellt, dass Sie in letzter Zeit viele ungelöste Fragen an das Leben und an Gott haben, und Sie fürchten, das schöne bunte »Kinder-Haus« würde dem nicht standhalten? … Ja …

Aber wie wäre es dann doch mit dem »Traditions-Haus« und seinen Richtig-und-Falsch-Räumen zur Ablage von Zweifeln und seinen Schwarz-Weiß-Wegen zur Orientierung? Ach so, das ist Ihnen einfach zu eng, Sie hätten gern mehr Weite für Ihren Glauben … Sie möchten aufatmen und durchatmen … Ich verstehe …

Und unser praktisches »Klapp-Haus« ist Ihnen dann doch irgendwie zu billig, trotz aller Vielfalt zu simpel? Gott nur bei Bedarf – so einfach wollen Sie es sich nicht machen?

Hm. Ich finde, Sie sind ziemlich anspruchsvoll! Aber das ist ja auch gut so und gut für mein Maklergeschäft. Ich stelle fest, dass in diesem Jahr besonders viele Kunden einen hohen Anspruch an die Qualität ihres Glaubens-Hauses haben. Viele suchen die Nähe Gottes in allen Lebenslagen. Da ist es wirklich nicht so einfach, etwas Passendes zu finden …

Also, etwas hätte ich da noch. Es wird nicht so häufig nachgefragt. Ich kann Ihnen auch kein fertiges Modell zeigen, hier ist nur eine Skizze. Aber das ist geradezu Kennzeichen dieses Glaubens-Hauses: Es wird von jedem Kunden sehr individuell ausgestaltet. Wir wissen in unserem Maklerbüro auch noch nicht so genau, wie wir es eigentlich werbeträchtig nennen könnten. »Zelt-Haus« war mal eine Idee. Aber das klingt ja irgendwie widersprüchlich. Obwohl – Sie sehen ja, es hat was von einem Zelt: reißfester und verschleißunempfindlicher Stoff, aber sehr leicht. Schnell aufzubauen und gut transportabel. In den unterschiedlichsten Lebenssituationen.

Anders als das »Klapp-Haus« ist es allerdings nicht geeignet, schnell in die Ecke gestellt zu werden. Im Gegenteil: Es wird immer mitgenommen. Man könnte sagen, es ist mit den Bewohnern unterwegs und sie mit ihm. Ach ja, es ist übrigens auch ausgelegt für Gruppenbenutzung. Wenn Sie also ein extremer Einzelgänger sind, wäre es vielleicht nicht das Richtige für Sie. Aber wer ist das schon, nicht wahr?

Übrigens ist es nicht wie das »Klapp-Haus« eine moderne Erfindung, sondern beruht auf einem uralten Prinzip, nach dem schon die Urväter des Glaubens ihre Häuser gebaut haben bzw., besser gesagt, mit dem Glauben unterwegs waren. Interessant, wie langlebig manche Bauprinzipien für Glaubens-Häuser sind ... Trotz aller Leichtigkeit ist es vielleicht sogar langlebiger als das »Traditions-Haus«. Viel Dekoration hat es nicht, es kommt bei diesem Glaubens-Haus ja wirklich auf Beweglichkeit an.

Aber ich finde, in seiner Schlichtheit wirkt es auch sehr edel. Und Sie sehen: Hier haben wir auf den drei Seitenzeltbahnen drei alte Begriffe zum Aufdrucken vorgesehen, die schon prägend waren für die Menschen, die mit diesem Glaubens-Haus vor Urzeiten gelebt haben. So sollen auch die Bewohner heute auf ihrem Weg sozusagen immer vor Augen haben: »Verheißung – Vertrauen – Aufbruch«. Geniale Designidee, nicht wahr?

Wir haben dieses Modell auch mal »Nachfolge-Haus« genannt. Weil wir herausstellen wollten, dass Wohnen mit diesem Glaubens-Haus irgendwie ernsthafte Konsequenzen hat. Aber wir haben wieder Abstand davon genommen, denn es klingt wenig werbewirksam und wenig nach Glück – oder was meinen Sie? Kann das Glück bedeuten: Gott nahe sein, indem man mit ihm geht, sozusagen ihm nachfolgt?

Es gab da ja diesen Wanderprediger, der wohl so etwas wie ein Prototyp für diese Glaubensart war und buchstäblich gar kein Haus und noch nicht mal einen festen Ort zum Schlafen hatte. Und leicht hatte der es nun wirklich nicht. Trotzdem hat er behauptet: Glücklich ist man, wenn man so lebt wie er – für dieses neue Reich Gottes, wie er es nannte.

Ich kann es nicht beurteilen, ich bin ja nur Makler. Aber ich kenne Kunden – und es gibt durchaus welche, die sich für dieses Modell entscheiden –, die sagen: Es ist pures Glück, mit diesem Glaubens-Haus unterwegs zu sein. Sozusagen mit Gott selbst unterwegs zu sein. Hören, was er sagt. Und tun, was er will. Immer wieder aufbrechen. Mit dem leichten Gepäck dieses Glaubens-Hauses, wo nicht viel mehr drin ist als Verheißung und Vertrauen. Aber mit dem so viel Bewegung und Eigeninitiative möglich ist. So viel Lebenssinn und Lebensfreude. Und wo man immer wieder staunen kann – wie ein Kind. Auch als Erwachsener. Aber eben ganz anders als in dem »Kinder-Haus«.

Und dann sagen mir Kunden, dass sie mit diesem Glaubens-Haus sogar schon die schlimmsten Lebensstürme durchgestanden haben. Da hat der Stoff Risse bekommen. Und der ganze Glauben wankte. Aber trotzdem – so sagen sie – ging dieses zeltartige Haus nicht kaputt. Es ist für sie eine Art Fundament fürs ganze Leben. Merkwürdig, nicht?

Wir haben nach diesen Erfahrungsberichten dieses Modell dann probeweise »Lebens-Haus« genannt. Auch weil wir uns an diesen Wanderprediger erinnert haben, der einmal gesagt hat, dass der, der ihm nachfolgt, leben wird, auch wenn er stirbt. Dann wäre dieses Glaubens-Haus, das so uralt ist und doch jeden Tag neu von seinen Bewohnern gestaltet wird, ja wirklich so etwas wie ein »Lebens-Haus«, ein »Überlebens-Haus«, ein »Ewig-leben-Haus«.

Aber – Entschuldigung! – ich rede mich ja richtig in Fahrt für dieses Modell und weiß gar nicht, ob Sie das alles wissen wollen … Ich merke nur gerade: Vielleicht hätte ich auch Lust, es mal auszuprobieren … Aber egal, ich bin nur Makler …

Wie sieht's aus? Haben Sie etwas Passendes gefunden?

Ach, Sie wollen sich das noch überlegen … Ja, das ist verständlich. So ein Glaubens-Haus kauft man sich ja nicht jeden Tag. Das will gut bedacht sein. Aber – ich rate Ihnen: Überlegen Sie nicht zu lange!

Auf Wiedersehen – und: Ich wünsche Ihnen ganz viel Glück!

Überraschender Besuch

Ein Mann erfuhr, dass Gott zu ihm kommen wollte. »In mein Haus?« Er rannte durch alle Zimmer, er lief die Stiegen auf und ab, er kletterte zum Dachboden hinauf, er stieg in den Keller hinunter. Er sah sein Haus mit anderen Augen. »Unmöglich!«, schrie er. »In diesem Sauhaufen kann man keinen Besuch empfangen. Alles verdreckt. Alles voller Gerümpel. Kein Platz zum Ausruhen. Keine Luft zum Atmen.« Er riss Fenster und Türen auf. »Brüder! Freunde!«, rief er. »Helft mir aufräumen – irgendeiner! Aber schnell!« Er begann, sein Haus zu kehren. Durch dicke Staubwolken sah er, dass ihm einer zu Hilfe gekommen war. Sie schleppten das Gerümpel vors Haus, schlugen es klein und verbrannten es. Sie schrubbten Stiegen und Böden. Sie brauchten viele Kübel Wasser, um die Fenster zu putzen. Und immer noch klebte der Dreck an allen Ecken und Enden. »Das schaffen wir nie!«, schnaufte der Mann. »Das schaffen wir!«, sagte der andere. Sie plagten sich den ganzen Tag. Als es Abend geworden war, gingen sie in die Küche und deckten den Tisch. »So«, sagte der Mann, »jetzt kann er kommen, mein Besuch!«[9]

Diese Geschichte stammt von der Kinderbuchautorin Lene Mayer-Skumanz und heißt »Gott kommt zu Besuch«. Als ich sie vor Jahren zum ersten Mal las, musste ich schmunzeln: Typisch, diese Situation! Diese Gedanken, wenn sich Besuch ankündigt – und es muss gar nicht unbedingt »hoher Besuch« sein: Meine Wohnung ist nicht vorzeigbar. Schrecklich unaufgeräumt. Und der Staub überall – nicht nur auf den Fensterbänken. Man merkt's, wenn man »mal eben« mit dem Finger drüberwischt ... Von den Chaos-Ecken und Krimskrams-Schubladen ganz zu schweigen, die unbemerkt mit den Jahren immer voller werden, weil da Sachen landen, von denen man auf die Schnelle nicht weiß, wo sie eigentlich hinsollen. Und überhaupt: Eine Renovierung wäre auch mal dringend nötig ...

Tja, das ist nachzuvollziehen: »Er sah sein Haus mit anderen Augen.« Übrigens sehr interessant, dass die Geschichte nicht von einer Frau erzählt wird, sondern von einem Mann, den solche Gedanken überfallen, als sich der überraschende Besuch ankündigt. Es ist also – anders als vielleicht vermutet – kein reines Frauenthema ...

Jedenfalls startet der Mann einen umfassenden Großputz, der in eine Renovierungsaktion ausartet. Anscheinend hat ihn richtig Panik gepackt: Nicht hoher, nein, höchster Besuch in seinem unordentlichen Haus! Das geht gar nicht! Bis in den Keller hinein versucht er, Ordnung zu schaffen. Und auch das ist typisch: So was geht nicht allein. Da braucht man – und auch frau – Hilfe. Sonst geht man unter im Chaos. Der Mann fürchtet, dass er und sein Helfer es nicht schaffen. Aber dann das erlösende »So! Jetzt kann mein Besuch kommen!«. Ich kann mir dieses gestöhnte »So!« richtig gut vorstellen: Was für eine Erleichterung! Endlich den ganzen unnötigen Krempel los! Endlich mal wieder sortierte Schubladen, die nicht überquellen, sondern wo man was drin findet! Und endlich Licht in allen Ecken statt Chaos!

Da ist was dran – ganz unabhängig davon, ob Besuch kommt oder nicht –, und das wissen unzählige Ratgeberbücher: Ausmisten macht das Leben leichter! Und glücklicher!

Trotz der dicken Staubwolken hat der Mann mitbekommen, dass ihm irgendjemand geholfen hat. Aber wer? Die Geschichte endet so:

> *»Jetzt kann Gott kommen. Wo er nur bleibt?«*
> *»Aber ich bin ja da!«, sagte der andere und setzte sich an den Tisch. »Komm und iss mit mir!«*

Ist es eine Weihnachtsgeschichte? Jedenfalls steht sie zu Recht in einem »Erzählbuch zur Weihnachtszeit«. Denn sie erzählt davon, was Weihnachten eigentlich meint: Gott kommt zur Welt. Und seit Weihnachten gibt es keinen noch so dunklen, chaotischen, friedlosen Ort, wo er nicht zu finden wäre. Seit Weihnachten erscheint die Welt in anderem Licht. Und hat sich grundlegend verändert.

Die Geschichte ist ein schönes Gleichnis. Es will sagen: Gott kommt zu jedem einzelnen Menschen. Aber eben nicht als dieser hohe Besuch, vor dem ich Panik kriegen müsste. Vor dem ich die unaufgeräumten, dreckigen, dunklen Ecken im Leben verbergen müsste. Im Gegenteil: Er hilft, in der Gegenwart der unsortierten Gedanken und Gefühle auszukehren. Er steht zur Seite, um den Müll der Vergangenheit zu entsorgen. Er hilft, eine klare Sicht für die Zukunft zu bekommen. Seine Nähe ist nicht die eines distanzierten Besuchers, dem nur die wohlanständig ordentliche Seite des Lebens präsentiert werden darf. Seine Nähe reicht auch in die Untiefen des Lebens, wo man sich alleine nicht hintraut.

Aber eins ist auch klar: Dieses Aufräumen im Leben ist keine wundersame Zauberei. Es ist harte Arbeit. Doch an ihrem Ende steht ein Fest: »Komm und iss mit mir!«, sagt Gott zu dem Mann.

Ich überlege, ob diese Geschichte nicht noch weitergehen könnte: Der Mann und Gott sitzen am festlich gedeckten Tisch. Und teilen das Essen und den Wein. Da lehnt der Mann sich zurück und atmet tief durch. Ein entspanntes Lächeln huscht über sein Gesicht. Er schaut sein Gegenüber an und sagt: »Gott, dir nahe zu sein ist mein Glück!«

»Jesus in My House«

Seit vielen Jahren tourt sie durch alle Kontinente. Sie tritt in Konzerthallen auf oder in Kirchen, auf großen Festivals oder bei kleinen Jugendevents. Seit Neustem singt sie auch im Supermarkt oder im Hospiz, auf dem Bahnhof oder in der Autowerkstatt: die Sängerin, Gitarristin und Komponistin Judy Bailey.

In London geboren, auf Barbados aufgewachsen, mit einem Deutschen verheiratet, ist Judy Bailey auf der ganzen Welt zu Hause. Und seit ihrer frühen Kindheit auch in der Kirche. Schon mit acht Jahren singt sie im Kirchenchor mit; sie liebt die klassischen Hymnen. Als sie einmal die Glocke läuten darf, empfindet sie es als Ehre, als kleines Mädchen den Gottesdienst mitzugestalten. Fröhliche Geborgenheit in der Familie und selbstverständliche Nähe Gottes.

Als Jugendliche dann beginnt sie Fragen zu stellen und intensiv über Gott und Glauben nachzudenken: Wenn da wirklich etwas dran ist an dem, was sie da jeden Sonntag feiert – dann will sie auch ganze Sache machen. Sie kniet sich vor ihr Bett und bittet Jesus, in ihr Lebenshaus einzuziehen. Kein Blitz, kein Donner, keine wundersamen Erscheinungen, aber eine Entscheidung, die trägt. Der Beginn ihres Abenteuers, mit Gott zu leben. Eine Initialzündung – auch zum Singen und Liederschreiben. Ihre ersten Songs, die in dieser Zeit entstehen, sind Liebeslieder an Jesus. Judy geht nach London, studiert Psychologie und macht nebenbei Musik. Die Konzertauftritte häufen sich. Sie nimmt auch eine Einladung nach Deutschland an, lernt ihren

Mann kennen, lässt sich dort nieder und gründet eine Familie.

Judy Bailey ist Weltbürgerin. Das spiegelt sich auch in ihrer Musik: Pop, Rock, Gospel, karibischer Einschlag. Und sie ist zu Hause bei Gott. Davon spricht eins ihrer bekanntesten Lieder, das sie anlässlich der Jugendevangelisation »JesusHouse 2000« geschrieben hat: »Jesus in My House«:

I'm so glad that Jesus lives in my house.
Good to know that he is here with me now.
All of my life Jesus in me, Jesus in my house.
All of my life and always will be.«

Auf Deutsch:

»Ich bin froh mit Jesus in meinem Haus. Gut zu wissen, jederzeit ist er hier. Mein Leben lang, Jesus in mir, in meinem Haus, für alle Zeit und Ewigkeit.«

Ich habe Judy Bailey gefragt, was sie mit diesem Song verbindet: »Das Besondere an dem Lied ist, dass Menschen in ganz unterschiedlichen Lebenslagen es zu ihrem Lied, ihrem Gebet machen. Vor Kurzem waren wir in einer Grundschule. Kinder haben es gesungen und dabei selbst gemalte Bilder zu dem Text hochgehalten. Es ist leicht und eingängig.

Bei einem Konzert in einer Kirche habe ich einmal eine Frau getroffen, die schon seit zehn Monaten regelmäßig zum Gottesdienst kam, aber nie mitsingen konnte. Sie war wie verschlossen. ›Jesus in My House‹ war das erste Lied, das ihr über die Lippen kam. Sie

›musste‹ es mit uns singen. Das war wie eine Befreiung. Und hat mich sehr berührt.

Obwohl dieses Lied ja nicht das neueste ist – und meiner Meinung nach auch nicht mein bestes –, gibt es kaum ein Konzert, wo nicht jemand darum bittet ... Und so singe ich es tatsächlich immer noch gerne. Weil ich erlebe, wie gerne andere Menschen es singen. Und wie es ihnen persönlich zum Segen wird.«

»Jesus in My House« – das Lied handelt vom Glück, Gott nahe zu sein. Es erzählt davon, wie Gott sehr nahe kommt. Als Schöpfer und Begleiter des Lebens, als Erlöser von Schuld: »Danke, Vater, für das Leben, das du gibst, dass du deinen Sohn gabst und mich unbegreiflich liebst. Hast mich gerettet und mich neu gemacht. Danke, Gott, für Jesus in mir.«

Ich habe Judy Bailey auch gefragt, wie sie denn persönlich Glück und die Nähe Gottes erlebt: »Das ist ganz unterschiedlich. Oft in ruhigen Momenten. Aber auch in einer großen und lauten Menschenmenge kann es vorkommen, dass ich das Glück von Gottes Nähe beinahe körperlich fühle. Im Grunde hat es viel damit zu tun, dass ich das tue, von dem ich weiß, dass ich es tun soll: meine Berufung zu leben, gute Entscheidungen zu treffen oder – auch wenn es einen längeren Weg oder mehr Aufwand bedeutet – das zu tun, von dem ich spüre, dass Gott es von mir erwartet.

Konkret sind Momente des Glücks dann die Früchte, die ich ernten darf. Zum Beispiel, wenn ein Lied ›zusammenkommt‹, wenn ich eine wertvolle Zeile ›erhasche‹, wenn ich mit dem Moment fließe ... Oder auch dies: Wenn ich an einem Ort bin mit Menschen, die ich liebe ...«

Die Sängerin engagiert sich ehrenamtlich in einer großen christlichen Hilfsorganisation. Denn sie weiß, dass das Leben für viele Menschen nicht leicht ist. Es gibt so viel ungerechtes Leid und Armut in unserer einen Welt. Regelmäßig reist sie als »Botschafterin« nach Afrika und versucht, Hoffnung zu wecken und Lebensfreude zu schenken.

»Ich habe viele, viele Fragen: Warum sterben so viele unschuldige Menschen, besonders Kinder? Warum mangelt es ihnen an so elementaren Dingen wie sauberem Wasser? Gleichzeitig glaube ich und denke, dass Gott nicht verzweifelt ... Obwohl sein Herz sicherlich manchmal auch traurig ist.«

Ja, Gott ist nicht immer nah. Nicht immer geht das so leicht von den Lippen: »I'm so glad with Jesus in my house« – auch angesichts persönlicher Erfahrungen. Auch Judy Bailey kennt Psalm 73 mit seinen ernsten Tönen: »Er spricht von den Herausforderungen, der Not und den Anfeindungen im Leben. Aber eben auch von Gottes starker Liebe, dem ›Fels meines Herzens‹. Gott kennt das Schwere und meine Tiefen. Er meint es nicht nur gut mit mir – er ist gut zu mir. Deshalb kann seine Liebe mich ganz tragen, weil sie mich erträgt. Auch da, wo ich noch lerne und reife, geht er den Weg mit mir. Er ist kein ›Kuschelgott‹, der es mir immer nur leicht macht. Wo alles leicht ist – da leben und lernen, wachsen und werden wir kaum. Wir würden schwach und klein bleiben. Gerade da aber, wo es drauf ankommt, wo andere – vielleicht sogar manchmal ich selbst – es nicht aushalten mit mir, da hält er mich und hält mich aus, da ist er mir nah. Das ist ein

Lebensglück, das tief geht und trägt – in allen Phasen des Lebens!«

Und so lässt sich diese Strophe dann auch fröhlich singen – nicht nur in der Kirche:

Danke, dass du meinem Leben Zukunft gibst.
Ich darf neu beginnen, weil du meine Schuld vergibst.
Ich gehe vorwärts, denn ich weiß bestimmt,
Jesus ist bei mir jeden Tag …
Ich bin froh mit Jesus in meinem Haus …

Die Sicht eines Rabbis

Psalm 73 – ein zentraler Psalm. Sein 28. Vers – ein Mut machendes Wort für viele Christen. Wir nehmen es oft so selbstverständlich für uns in Anspruch. Und fragen nicht, was es denn für die bedeutet, deren Gebetbuch die Psalmen lange vor christlicher Zeit zuerst waren und auch heute sind: für Menschen jüdischen Glaubens. Ich möchte da gern etwas mehr wissen, am liebsten nicht aus schlauen Büchern, sondern von jemandem, der heute als überzeugter Jude seinen Glauben lebt.

Die Telefonnummer ist schnell zu finden: »Jüdische Gemeinde Oldenburg«.

Ich wähle und es meldet sich eine freundliche Dame, zunächst auf Russisch, dann auf Deutsch mit starkem osteuropäischen Akzent. Ja, Rabbi Simon sei da, aber leider nicht zu sprechen, er habe gerade eine Skypekonferenz mit auswärtigen Thoraschülern, da könne sie ihn nicht stören. Natürlich habe ich dafür Verständnis. Wir verabreden, dass ich mich später wieder melde. Und ich denke: Interessant, was ein Rabbi heutzutage so alles macht …

Auch in Oldenburg hat in der Nacht vom 9. auf den 10. November 1938 die Synagoge gebrannt. Auch hier ist damit das gesellschaftliche jüdische Leben in der Stadt und wenig später das Leben der meisten jüdischen Mitbürger ausgelöscht worden. Gott – entsetzlich fern, nicht beglückend nah.

Aber seit 1992 gibt es wieder eine jüdische Gemeinde in der Stadt. Sie wächst stark, besonders durch Neubürger aus Russland und anderen osteuropäischen Ländern. Und seit einigen Jahren hat die Gemeinde auch wieder eine Synagoge. Das kleine Gebäude in der Innenstadt war Mitte des 19. Jahrhunderts das erste Versammlungshaus »meiner« Gemeinde, der Oldenburger Baptisten. Nachdem sie für die Baptistengemeinde zu eng geworden war, war die kleine Kirche viele Jahre im Besitz der Stadt. Die wiederum übertrug das Gebäude nach gründlicher Renovierung 1995 der jüdischen Gemeinde. Eine Kirche wird zur Synagoge – ich finde, das ist ein schönes Zeichen guter Nachbarschaft.

Ich greife also wieder zum Telefon. Diesmal hat Rabbi Simon Zeit. Ich schildere ihm mein Anliegen, stelle ihm meine Fragen: »Was verbinden Sie mit Psalm 73,28? Wie erleben Sie die Nähe Gottes?« Er antwortet spontan: »Die Nähe Gottes – das ist doch sicher für jeden Glaubenden etwas Beglückendes, oder?« Er will gern weiter darüber nachdenken und mir dann schreiben.

Rabbi Jona Tobias Simon, Mitte 30, arbeitet gemeinsam mit seiner Frau Alina Treiger, der ersten nach dem Holocaust in Deutschland ordinierten Rabbinerin, in der Oldenburger Gemeinde. Alina Treiger kommt aus der Ukraine, hat erst nach dem Zusammenbruch der Sowjetunion ihr Jüdischsein so richtig entdecken können. Und ihre Geschichte ist typisch für viele, die sich heute in jüdischen Gemeinden in Deutschland wiederfinden: Da war früher nicht viel an jüdischer Tradition und Glaubensinhalten, da muss sehr viel Grundlegendes erst gelehrt, gelernt und verstanden werden. Sicherlich auch zu der Frage: Wie kann man die Nähe Gottes erfahren?

Alina Treiger ist nicht nur Theologin, sondern auch Sängerin und hat mit ihrer Stimme sogleich die Herzen in ihrer neuen Heimat erobert … Ihr Studienkollege und späterer Ehemann ist als evangelischer Pastorensohn aufgewachsen und hat sich erst mit Mitte 20 für den jüdischen Glauben entschieden: »Mit dem Übertritt war es dann, als sei da keine andere Vergangenheit mehr.«

Das Rabbiner-Ehepaar ist zuständig für mehrere jüdische Gemeinden im Niedersächsischen Landesverband. Und ganz die moderne, junge Familie, übernimmt Rabbi Simon in der Elternzeit seiner Frau auch ihren »Job« in Oldenburg. Die Aufgaben hier ähneln in vielem denen in einer christlichen Gemeinde: Kinder und junge Leute gewinnen, die Älteren trotzdem nicht verlieren. Neue Leute integrieren. Seelsorger in schwierigen Lebensfragen sein usw. Und eben auch dies: Immer wieder den Glauben erklären – manchmal auch per Skype …

Einige Tage nach unserem Telefonat landet ein kleiner Essay in meinem E-Mail-Postkasten – Absender: Rabbi Tobias Jona Simon.

»Mir aber ist die Nähe G'ttes köstlich«
Psalm 73,28

Wer wird von sich behaupten, dass ihm oder ihr die Nähe G'ttes kein positives Gefühl entlockt? Was bedeutet aber diese Nähe G'ttes? Wie erreicht man sie? Zu biblischen Zeiten schien das ziemlich einfach zu sein. Im Buch Wajikra (3.

Mose, d. Verf.) im 26. Kapitel spricht der Ewige zu Mosche: »Wenn ihr in meinen Gesetzen wandelt und meine Gebote hütet und sie ausführt [...] werde ich meine Wohnstatt mitten unter euch errichten.« Zu diesen Geboten gehörte, ein Heiligtum zu errichten, dessen physische Struktur detailliert vorgegeben war und die den Zweck erfüllen sollte, dort Opfer zu bringen. Auch die Art und Anzahl der Opfer war vorgegeben. Morgens sollte ein Schaf geschlachtet werden und in Teilen und einer bestimmten Reihenfolge auf dem Altar verbrannt werden »zum lieblichen Geruch dem Ewigen«. Am Nachmittag folgte ein Opfer aus Mehl und Öl und gegen Abend ein weiteres Schaf. Besondere Anlässe, wie zum Beispiel Feiertage, forderten zusätzliche Opfer, des Weiteren konnten Privatpersonen persönliche Opfer zu unterschiedlichen Anlässen bringen. Dies war die von G'tt vorgeschriebene Art, wie ihm gedient werden sollte.

Das Opfer heißt im Hebräischen »Korban«. Es kommt von der Wurzel »sich nähern, nahebringen«. Diese Opfer waren also die Art und Weise, wie sich das Volk und das Individuum G'tt nähern konnten.

Problematisch wurde dies erst, als der Tempel im Jahre 70 n.d.Z. von den Römern zerstört wurde und die Opfer nicht mehr dargebracht werden konnten. Die Rabbiner der damaligen Zeit legten nun das Gebet als die Möglichkeit fest, G'tt zu dienen. Die Gebetszeiten in der Synagoge orien-

tieren sich deshalb heute immer noch an den festgelegten Opferzeiten im Tempel, und auch deren Bezeichnungen sind dem Tempeldienst entlehnt, Schacharit, Mincha und Ma'ariv. Das Gebet, dessen Wortlaut von den Rabbinern festgelegt wurde, ist nun der jüdische Weg, eine Verbindung zu G'tt zu schaffen.

Eine weitere Art, dafür zu sorgen, dass G'tt seine Wohnstatt mitten unter uns errichtet, ist das Einhalten der Gebote, und zwar sowohl derjenigen, die die Beziehung zwischen Mensch und G'tt betreffen, als auch derjenigen, die die Beziehung zwischen Mensch und Mensch betreffen. Dadurch, dass wir als Juden zwischen diesen Geboten in ihrer Gewichtung nicht unterscheiden, können wir das G'ttliche im Menschen finden und G'tt unter uns wohnen lassen.

Hierin liegt vielleicht einer der Unterschiede zwischen dem christlichen und dem jüdischen Ansatz. Anstatt zu versuchen, uns »aufwärts« in Richtung G'tt zu bewegen, durch Meditation und rechten Glauben, liegt das jüdische Streben darin, G'tt und seine Präsenz, die Sch'china, zu uns »herunter« zu holen, durch Taten und gute Werke. »Kirvat Elokim«, die Nähe G'ttes, ist das, was wohl alle Religionen anstreben, und so bekommt der Vers aus dem Psalm Asafs, »Mir aber ist die Nähe G'ttes köstlich«, eine universale Bedeutung.

Lieber Rabbi Simon,

vielen Dank für Ihr Nachdenken und die interessanten Ergebnisse desselben!

Mir gefällt Ihre Übersetzung dieses Bibelverses: »Köstliche« Nähe Gottes – das »schmeckt« nach etwas Leckerem auf der Zunge …

Und ja, dass es auch mit unserem Verhalten zu tun hat, ob und wie Gott Wohnung bei den Menschen nimmt, dass wir ihn im anderen finden können – das lasse ich mir von einem Menschen jüdischen Glaubens gern sagen. Obwohl – eigentlich hat uns das auch schon der Rabbi Jesus vermittelt und vorgelebt. Wenn ich über ihn nachdenke, dann merke ich, dass auch für mich als Christin die Erfahrung der Nähe Gottes letztlich keine Bewegung »aufwärts« ist, sondern ganz entscheidend eine Bewegung »herunter« …

In diesem Sinne: Ich freue mich über Unterschiede und Verbundenheit! Schalom!

Mit Christus auf dem Weg

Zwei Männer unterwegs. Eigentlich kein langer Weg, den sie vor sich haben, nur wenige Kilometer. Aber ein schwerer. Und deshalb doch ein unendlich langer.

Die Köpfe gesenkt, schauen sie auf den Boden vor sich. Schritt für Schritt bewegen sie sich weg vom Ort ihrer Hoffnung, der zum Ort ihrer Verzweiflung geworden ist. Zurück in den Alltag. Zurück in das »Alles bleibt, wie es ist«. Denn der, der ihnen das »Alles wird neu« versprochen hatte, ist tot. Und tot ist auch ihre Hoffnung. Wie tot fühlen sie sich selbst.

So gehen sie und reden miteinander. Wenigstens das. Wenigstens nicht allein sein auf diesem Weg. Mit der ganzen Enttäuschung. Der Trauer. Den Fragen. Sie wälzen alles hin und her in ihren Köpfen und Herzen.

Hat nicht ihr Meister und Lehrer gesagt, er sei der Gesandte Gottes? Der, auf den alle Welt wartet? Der, der den Willen Gottes buchstäblich »verkörpert«, seine Gerechtigkeit zum Zuge kommen lässt? Ist das nicht in den alten Schriften, den Büchern der Propheten, angekündigt? Heißt es nicht in Psalm 73: *Lauter Güte ist Gott für Israel, für alle Menschen mit reinem Herzen*?

Warum durften die Gottlosen diesen Menschen mit reinem Herzen so brutal verhöhnen? Warum lief ihnen der Mob geifernd zu – und Gott selbst hat anscheinend nichts gemerkt? Warum hat die Ungerechtigkeit so endgültig gesiegt – über den einzig wahren Guten und Gerechten Israels? Sie können nicht mehr glauben, was doch ihr Bekenntnis war: *Du hältst mich an meiner Rechten. Du leitest mich nach deinem Rat-*

schluss und nimmst mich am Ende auf in Herrlichkeit.

Nicht nur ihre Füße straucheln. Ihr ganzer Glaube rutscht ihnen weg. Was bleibt? Haben auch sie umsonst ihr Herz rein gehalten, ihr Vertrauen vergeblich verschenkt? Wo ist Gott?

Sie merken, dass ein dritter Mann zu ihnen stößt. Und schrecken aus ihren kreisenden Gedanken auf. Er scheint nichts von dem Drama in Jerusalem mitbekommen zu haben. »Weißt du denn nicht, was geschehen ist? Dass der Retter der Welt ans Kreuz der Gottlosigkeit genagelt wurde? Dass all unsere Hoffnung mit ihm starb?« Der Fremde lässt das Fragen zu. Hält das bohrende »Warum?« aus. Ruft ihnen die alten Texte ins Gedächtnis und zeigt ihnen eine neue Sicht. Spricht von Gott und seinem Weg mit den Menschen. Und vom Not-wendigen Leiden des Gerechten: »Ihr seid so schwer von Begriff! Musste der versprochene Retter nicht dies alles erleiden und auf diesem Weg zur Herrlichkeit gelangen?« Wie gut das tut! Jemand hört zu. Wiegelt nicht ab. Kommt nicht mit schnellen Antworten. Die Männer horchen auf. Aber noch begreifen sie nicht. Nur dies wünschen sie sich: dass der Fremde bleiben möge. Es ist so dunkel um sie. Aber sie spüren: Er macht es hell in aller Trauer. Sie wollen die Kostbarkeit dieser Begegnung festhalten.

»Bleibe bei uns, denn es will Abend werden. Und der Tag hat sich geneigt.« Der Fremde bleibt. Er setzt sich mit ihnen an den Tisch. Er spricht das Segensgebet, bricht das Brot in Stücke und reicht es ihnen.

Und da, in diesem Moment, gehen ihnen die Augen

auf – die vom Weinen trüben Augen. Da öffnet sich ihr Herz – das von Trauer verschlossene Herz. Und: Sie erkennen ihn. Den Lebendigen. Ihren Herrn und Meister. Sie können ihn nicht festhalten. Aber sie spüren: Seine Nähe macht sie lebendig. Und diese Nähe bleibt, auch als er vor ihren Augen verschwindet.

Verwandelt machen sie sich erneut auf den Weg. Wieder zurück. Aber jetzt nicht mehr belastet von dem »Alles bleibt, wie es ist«. Sie haben es erlebt: »Alles wird neu.« Und ihr Weg ist leicht. Die Schritte schnell. Die Freude groß. Sie erzählen es den anderen weiter: »Gott nahe zu sein, ist ein großes Glück: Der Herr ist wahrhaftig auferstanden.«

Der Evangelist Lukas erzählt diese Begebenheit im 24. Kapitel seines Evangeliums – das erste nachösterliche Abendmahl. Das Fest der neuen Nähe Gottes. Seit zweitausend Jahren feiern es Christinnen und Christen überall auf der Welt. Mit Brot und Wein. Mit Saft und Oblaten. Als Sakrament und als Gemeinschaftsmahl. In kleinen Häusern und großen Kirchen.

Aber immer geht es darum: In diesen Zeichen dürfen wir so intensiv wie sonst nie die Nähe Gottes erleben. Wir dürfen Christus in uns aufnehmen. Und dann werden wir gesendet in die Welt – mit neuer Kraft und großer Hoffnung: »Denn der Herr ist mit uns!«

Mit Christus unterwegs sein – erfüllt von einer Freude, die ausstrahlt: »Singt dem Herrn ein neues Lied!« So wie sich die zwei Jünger nach ihrer Begegnung mit dem Auferstandenen auf den Weg gemacht haben – zurück von Emmaus nach Jerusalem. Der alte Weg – und doch ganz neu.

Ein Lied sagt das so:

Singt dem Herrn ein neues Lied,
singt ihm, alle Welt!
Denn der Herr ist mit uns,
stellt sich auf uns ein,
spricht mit den Enttäuschten,
will gebeten sein.

Singt dem Herrn ein neues Lied,
singt ihm, alle Welt!
Denn der Herr ist mit uns,
öffnet Aug und Ohr,
hüllt sich in die Zeichen
und tritt doch hervor.

Singt dem Herrn ein neues Lied,
singt ihm, alle Welt!
Denn der Herr ist mit uns,
bricht uns selbst das Brot,
übt mit uns das Danken,
ob die Nacht auch droht.

Singt dem Herrn ein neues Lied,
singt ihm, alle Welt!
Denn der Herr ist mit uns,
wendet uns den Blick
wieder zur Gemeinde
und zum Dienst zurück.

Singt dem Herrn ein neues Lied,
singt ihm, alle Welt!

Dieter Trautwein[10]

Nicht mehr Fremdlinge, sondern Gottes Hausgenossen

Eine Frau sitzt auf einer Bank im Park vor der Kirche. Immer wieder schaut sie sinnierend auf das Bauwerk.

»Merkwürdig – so groß –, so hatte ich sie gar nicht in Erinnerung ... Sieht aus, als wäre sie vor Kurzem renoviert worden ... wirklich beeindruckend. Kann mir gar nicht mehr vorstellen, dass ich hier mal so viel Zeit verbracht habe, ja, fast aufgewachsen bin in dieser Kirche.

Da war doch so ein Buntglasfenster direkt hinter der Kanzel. Wenn die Sonne reinschien, sah das manchmal so aus, als hätte der Pastor einen Heiligenschein. Was haben wir da gekichert als Teenies! Na ja, so hat der ja auch gepredigt – wie mit Heiligenschein. Alles wohlgeordnet und sortiert: gut und böse, gerecht und sündig, heilig und unheilig.

Und wenn ich denke, dass Vater hier im Kirchenvorstand war. Und Mutter in der Frauengruppe und im Chor. Bruderherz hat die Jugendgruppe geleitet. Und Schwesterlein und ich – na ja, ganz normale Kinder ...

Jeden Sonntag – Stammplätze in der dritten Reihe links. Jeden Sonntag – ob wir wollten oder nicht. Auf Partys am Vorabend wurde keine Rücksicht genommen. Ausschlafen gab's nicht. Selbst wenn's am Sonntagmorgen noch Streit gab – wir sind hin. Aber irgendwie auch gern. Wir gehörten ja dazu. Die perfekte christliche Familie, dritte Reihe links.

Tja, das waren wir, bis zu dem Abend, als Mutter uns in der Küche zusammenrief und sagte: ›Papa wird nicht mehr bei uns wohnen ... Wir lassen uns scheiden.‹ Unsere kleine Welt brach zusammen. Unsere Eltern – Scheidung? Sogar Bruderherz fiel kein dummer Spruch ein ...

Da standen wir nun – Kinder ohne Vater, mit spärlichem Unterhalt. Mutter ohne Beruf, aber mit harter Arbeit. Manchmal hatte sie mehrere Jobs auf einmal, damit wir nichts vermissten. Keine Zeit mehr für Frauengruppe und Chor und so.

Ja, zum Gottesdienst sind wir noch gegangen. Aber saßen nicht mehr dritte Reihe links. Nein, letzte Reihe Empore. Kaum jemand sprach uns an. Warum eigentlich? Scheidung – eine ansteckende Krankheit? Mein Vater hat sich nie wieder in der Gemeinde blicken lassen.

Diese Scheinheiligkeit! Solange wir die perfekte christliche Familie waren, standen wir im Mittelpunkt. Aber niemand wollte hinter die Fassade gucken. Jetzt waren wir halt ›die Geschiedene mit ihren drei Kindern‹. Was ging mir das Ganze auf den Geist! Wo waren denn die ›Geschwister‹, als unser Auto kaputtging und wir kein neues kaufen konnten? Hat uns da jemand mal abgeholt? Und als Mutter im Krankenhaus war – wer hat sich da um uns gekümmert?

Was war ich froh, als ich meine Ausbildung beginnen konnte – weit weg von hier. Dort kenne ich kaum eine Kirche von innen. Aber schon merkwürdig: Kaum bin ich zu Besuch – nach so vielen Jahren –, da gehe ich ausgerechnet hier vorbei ... Und sitze draußen vor der Kirche ... Ja, wirklich ›draußen‹ – wie lange eigentlich schon?«

So wie dieser Frau (in dieser an ein Theaterstück von Willow Creek angelehnten Szene) geht es vielen Menschen im realen Leben: Vielleicht waren sie früher mal mitten »drin« – in der Kirche, in der Gemeinde, im Glauben. Aber jetzt: »draußen«. Warum auch immer. Vielleicht sind da noch wehmütige Kindheitserinnerungen. Trauer um die verlorene Heimat. Wut auf die Leute, die sie haben fallen lassen. Vielleicht auch die unbestimmte Sehnsucht nach einem früher so deutlich gespürten Glück der Nähe Gottes. Aber jetzt: Fremdheit.

Ein Wort aus dem Epheserbrief ist da »Gute Nachricht«: »So seid ihr nun nicht mehr Gäste und Fremdlinge, sondern Mitbürger der Heiligen und Gottes Hausgenossen« (Epheser 2,19). Ein wunderbarer Zuspruch! Nicht mehr fremd sein, auch nicht Gast sein, sondern dazugehören. Zu Hause sein. Sicher und geborgen. Das ist doch unsere menschliche Ursehnsucht! Und die Faszination von Kirche, von Gemeinde, wie viele sie verstehen: Familie Gottes. Gerade in einer oft als kalt und distanziert empfundenen Welt ein wichtiges Angebot.

Viele Christinnen und Christen erleben das immer wieder überraschend und schön: Wo auch immer wir hinkommen, in eine fremde Stadt, eine unbekannte Gruppe – wir finden Menschen, mit denen wir uns gleich vertraut fühlen: »Mitbürger der Heiligen«. Ja, es gibt diese Erfahrung der engen Verbundenheit von Christen.

Aber diese Nähe hat auch eine Kehrseite: Wo sich viele ganz nah sind, ist der, der nicht dazugehört, wirklich ganz fremd. Und das übersehen oft die, die sich – ach so – nahe sind. Fremd sein, sich unsicher fühlen – auch das gibt es unter Christen: aus der Reihe tanzen und den Gleichschritt nicht mehr finden. Nicht tun, was man tun müsste und von dem man doch wissen müsste, dass man es tun müsste. Sehnsüchtig »draußen« stehen, so gern dazugehören wollen und sich nicht trauen. Oder nicht dazugehören, weil man einfach »anders« ist. Oder Angst haben vor Vereinnahmung und darum am Rand bleiben …

Gut, dass Epheser 2,19 nicht nur den sozialen Aspekt der Gemeinschaft anspricht: Grundlage aller geschwisterlichen Verbundenheit ist das Zuhause bei Gott. Seine Nähe ermöglicht Nähe untereinander. In Jesus hat er sich vorgestellt als der, der Menschen sucht: gerade die, die am Rand stehen. Oder sich verlaufen haben. Die durch Sünde getrennt sind von Gott. Oder meinen, Gott habe sie schon lange abgeschrieben.

Was würde Jesus tun, wenn er diese Frau auf der Parkbank da draußen sähe? Sich zu ihr setzen, zum Beispiel. Ihre Verletzung wahr-nehmen und ihre Sehnsucht nach Nähe, nach einem Zuhause.

Jesus ist es, der Ferne zu Nahen macht – so das Bekenntnis des Epheserbriefes: »Jetzt aber in Christus seid ihr, die ihr einst Ferne wart, Nahe geworden durch das Blut Christi. Denn er ist unser Friede, der aus beiden eines gemacht hat und den Zaun abgebrochen hat, der dazwischen war, nämlich die Feindschaft« (Epheser 2,14). Das ist das Zentrum unseres Glaubens und die Grundlage unserer Gemeinschaft: Versöhnung durch Christus.

Es geht letztlich nicht um Mitgliedschaft im (frommen) Verein, um Zugehörigkeit zur (manchmal ziemlich kleinbürgerlichen) Christen-Gemeinschaft. Es geht auch nicht darum, sich als Club-Mitglied brav anzupassen.

Darum geht es: um Christus, der den »Zaun« der Fremdheit abgebrochen und die Fernen und die Nahen mit Gott und miteinander versöhnt hat. Auf dieser Basis entsteht eine Verbundenheit zwischen Menschen, die Grenzen von Kultur, Sprache und sozialem Stand, Mauern von Lebensstil und Geschmack, Prägung durch Alter und Geschlecht überwindet.

Es ist ein ziemlich buntes, manchmal chaotisches »Haus«, in dem Gott »wohnt« und wir seine »Hausgenossen« sein dürfen. Da ist Gelassenheit nötig und Geduld und immer wieder die Erinnerung: »Christus ist unser Friede.« Als Korrektur, damit wir nicht alle Kraft verbrauchen beim Versuch, uns in manchmal lächerlichen Kleinigkeiten gegenseitig zur eigenen Meinung zu »bekehren«. Als Motivationsschub, den verbindenden Punkt in aller Unterschiedlichkeit immer wieder zu suchen und von daher Brücken zu anderen zu bauen, gerade auch zu denen, die »fremd« und »fern« sind.

»Fern« und »fremd« – wer ist das eigentlich? Epheser 2,2 sagt das so: »Denkt daran, dass ihr, die ihr von Geburt an einst Heiden wart und Unbeschnittene genannt wurdet, von denen, die äußerlich beschnitten sind, dass ihr zu jener Zeit ohne Christus wart, ausgeschlossen vom Bürgerrecht Israels und Fremde außerhalb des Bundes der Verheißung; daher hattet ihr keine Hoffnung und wart ohne Gott in der Welt.«

Dieses komplizierte Satzgebilde meint: Als Nichtjuden haben wir nur durch Christus Anteil an den Verheißungen und dem Bund Gottes, der ursprünglich mit Israel geschlossen war. Für die ersten Gemeinden in Ephesus und Umgebung war das ein sehr wichtiger Hinweis, weil Mauern zwischen Juden- und Heidenchristen hochgezogen und Erstere ausgegrenzt wurden. Auch wir Christen heute sollen unsere jüdischen Wurzeln nicht vergessen und nicht überheblich werden. Erinnert euch: Früher gehörtet ihr nicht dazu.

Das kann auch zu einer sehr persönlichen Ermahnung werden. Erinnere dich: Früher gehörtest du nicht dazu! Für viele nicht so einfach, weil sie eigentlich schon immer dazugehörten, bereits die Eltern und die Großeltern. Aber eine solche Erinnerung kann uns bewusst machen, wie wenig selbstverständlich der Glaube ist, wie reich wir durch die Gemeinde sind. Und sie hilft, sich selbst auf die Schliche zu kommen und zu merken, wie insiderhaft wir oft denken, reden und leben.

Denkt daran: »Ihr hattet keine Hoffnung und wart ohne Gott in der Welt.« Wie fühlt sich das eigentlich an: ohne Gott in der Welt? Welche Fragen haben die Menschen »draußen«? Welche Sehnsucht nach Glück? Welche Hoffnungslosigkeit? Und welche Hoffnung? Es lohnt, sich hineinzuversetzen in die »Fernen«: Welches Angebot von Nähe tut wirklich gut – und welches schreckt ab?

Wer sich zu Hause auf Gäste einstellt, räumt auf, stellt vielleicht sogar die Möbel um, putzt und kocht. Das macht Arbeit. Vielleicht wird's sogar ein bisschen unbequem in der eigenen Wohnung ... Auch in Kirchen und Gemeinden kann die gemütliche »Wir-unter-uns-Stimmung« verloren gehen, wenn wir uns bewusst auf Gäste einstellen. Aber dazu ist Gemeinde da: nicht dass wir »unter uns« bleiben, sondern dass wir andere in Gottes Nähe einladen.

Das ist das Ziel: Gäste und Fremde werden zu Freunden, Freunde werden zu Mitbürgern und Mitbürgerinnen, zu Schwestern und Brüdern. Sie finden ein Zuhause bei Gott – und unter uns.

Dieser Prozess kann durchaus schmerzhaft sein. Damals in der Gemeinde in Ephesus bedeutete es: Die ehemaligen Juden mussten ertragen, dass ihre »Mitbürger der Heiligen« auf die Tradition der Weisungen Gottes großzügig verzichteten und sich über Bewährtes hinwegsetzten. Die Heidenchristen wiederum mussten ermahnt werden, jüdische Ordnungen und Traditionen nicht als ewig gestrig zu diskriminieren.

Es muss ganz schön »geknirscht« haben, damals in der Gemeinde in Ephesus ...

So ist es nicht verwunderlich, wenn es heute in mancher Gemeinde auch »knirscht«. Das fängt bei der Musik an – Keyboard oder Orgel, Chor oder Lobpreisteam – und hört da längst nicht auf. Da gibt's die Insider, die sich auskennen, und die, die mit ihren neuen Ideen unbefangen all das über den Haufen werfen, was anderen lieb und teuer ist.

Aber »Knirschen« ist doch eigentlich ein positives Zeichen: Es tut sich was. Vielleicht brechen gerade Zäune weg. Vielleicht versuchen unterschiedliche Mitbürger und Hausgenossen Gottes, Wege zueinander zu finden ...

Jeder muss verzichten, jeder darf aber auch dazulernen. Wenn Zäune und Mauern wegbrechen, wird der Horizont weiter. Neue Freiräume entstehen. Neue Nähe wächst. Eine einladende Dynamik: Menschen, die sich als Gäste oder sogar als Fremde fühlten, werden »Mitbürger« und vor allem »Gottes Hausgenossen«. Und Mitbürger zu sein, heißt, eben nicht wie ein Gast auf Distanz zu bleiben. Mitbürger sein heißt, mitgestalten zu dürfen – und das auch tun.

Was, wenn die Frau, die da draußen auf der Bank sitzt, das hört? Was, wenn sich jemand neben sie setzt? Sie vorsichtig, liebevoll anspricht: »Du musst nicht draußen bleiben. Du gehörst dazu. Ja, wir sind schuldig geworden aneinander. Aber Christus hat die Mauer aus Missverständnissen und Fehlern und Verletzungen abgebrochen. Miteinander dürfen wir Hausgenossen Gottes sein. Seine Nähe ist unser gemeinsames Glück.«

Der nahe Gott – wirklich mein Glück

»Pass auf, kleines Auge ...«
Der bedrohlich nahe Gott

Es ist ewig her. Aber die Erinnerung ist doch noch merkwürdig präsent: Die »Sonntagsschultante« vorne erzählte uns Kindern biblische Geschichten. Zum Beispiel die, wie Jesus von seinen Jüngern ausgeschimpft wurde, weil er die kleinen Kinder zu sich rief und sie liebevoll herzte. Die Geschichten fand ich nicht so spannend, weil ich sie meist schon zigmal gehört hatte. Spannend fand ich eher, ob die verknickten Flanellbilder an der Tafel noch mal halten oder sich doch ablösen würden – trotz mehrmaliger Versuche der »Tante«, sie anzuheften.

Irgendwann standen wir dann im Kreis und sangen dieses Lied. Das fand ich toll: »Pass auf, kleines Auge, was du siehst ... Pass auf, kleines Ohr, was du hörst ... Pass auf, kleiner Mund, was du sprichst ... Pass auf, kleine Hand, was du tust ... Pass auf, kleiner Fuß, wo du gehst ... Pass auf, kleines Herz, was du glaubst ...« Und dazwischen immer wieder der Refrain: »Denn der Vater in dem Himmel schaut herab auf dich, pass auf ...«

Besonders an den Bewegungen hatten wir Kinder Spaß – sicher auch deshalb, weil damit das sonst übliche und geforderte Stillsitzen unterbrochen wurde: Mit dem Finger auf das genannte Körperteil tippen, dann den Arm und den Zeigefinger in die Höhe strecken, schließlich die Augen mit den Händen abschirmen und forschend hin und her blicken – so wie eben der Vater in dem Himmel aus der Höhe alles sieht.

Ja, ich habe dieses Lied gern gesungen. Obwohl ich mich auch daran erinnere, dass ich den Text schon früh irgendwie auch ein bisschen komisch fand. Ich fragte mich – und auch die »Tante« –, wie das denn gehen könne: aufpassen, was man sieht? »Meine Augen sind doch da. Und ich sehe doch einfach, was ist ...« An eine Antwort erinnere ich mich nicht. Aber daran, dass ich im fröhlichen Glauben an einen Vater im Himmel aufgewachsen bin, der liebevoll auf mich aufpasst. Dafür bin ich dankbar. Denn heute weiß ich, dass das ganz und gar nicht selbstverständlich ist. Auch wegen dieses Kinderliedes.

Das Lied ist in den 40er-Jahren in Amerika entstanden, Verfasser des Textes unbekannt. Es wurde gesungen nach einer »old melody«, war also vermutlich ursprünglich ein volkstümliches Tanzlied. Anfang der 50er-Jahre wurde es nach Deutschland importiert, erstmalig veröffentlicht in »Leuchte für Jesus«, einem Liederbuch für Kinder, herausgegeben von »Fräulein Ruth Frey«, die in dem Vorwort als »Tante Ruth« grüßt.

Generationen von Kindern sind mit diesem Lied aufgewachsen. In unzähligen kirchlichen Kindergärten und Sonntagsschulgruppen wurde es fröhlich und unbedarft gesungen. Und ältere Menschen erzählen mir heute, dass es Teil ihrer christlichen Biografie ist und sie es immer noch mögen: »Das war so schön damals! Da habe ich Geborgenheit erlebt, etwas davon gespürt, dass Gott auf mich achtet!«

Zugleich ist dieses Kinderlied Ausdruck einer gerade nicht wohltuenden Nähe Gottes. Gott als strenger Aufpasser, der »von oben« herabschaut. Gott als Kontrolleur, dem nicht zu entkommen ist, der in allen Lebenslagen beobachtet, was ich sehe, höre, denke, tue. Gott als Angstmacher, der eine unbefangene Entdeckung der Welt verhindert: »Pass bloß auf ...«

Dennoch wird dieses Lied anscheinend immer noch gern gesungen in manchen frommen Kreisen. Jedenfalls findet sich, wenn man es in eine Suchmaschine eingibt, eine Fülle von Anfragen nach dem Text und der Melodie.

Interessant ist, dass es auch in Internetforen diskutiert wird, zum Beispiel auf »eltern.de«, wo sich Eltern einfach wundern über dieses Lied, das unvermutet im »Morgenkreis« des Kindergartens auftauchte. Aber auch auf »jesus.de« tauschen sich junge Christen darüber aus: Manche empfinden dieses Lied (immer noch) als hilfreich auf dem Weg mit Gott, als Ausdruck von Schutz und Orientierung. Andere lehnen es strikt ab als Ausdruck einer »Kontrollpädagogik« und »Kontrolltheologie«. So zum Beispiel diese junge Christin: »Ich finde dieses Lied furchtbar und würde es niemals Kindern beibringen. Der Text ist eine einzige Drohung. Was für ein Bild von Gott wird vermittelt? Wenn ich nicht (aus eigener Kraft) schaffe, meine Augen abzuwenden von bestimmten Dingen, dann ist Gott ›sauer‹ auf mich. Das ganze Lied vermittelt, dass ich aus meiner eigenen Kraft heraus ›heilig‹ werden muss – und widerspricht damit der Bibel und dem Wesen Gottes, denn nur durch Gottes Kraft ist es mir möglich, mich entsprechend zu verhalten. Gott muss es in mir wirken, nicht ich muss mich darum bemühen. Dieses Lied vermittelt Kindern keinen liebenden Gott, der sie bedingungslos annimmt und lieb hat, sondern einen ›großen Aufpasser im Himmel, der alles sieht‹. Big brother is watching you ... Und erinnert ein bisschen an die ›alten‹ Erziehungsmaßnahmen: ›Pass auf, wenn Papa nach Hause kommt und hört, was du heute angestellt hast, dann ...‹ Das macht Angst, schafft aber kein Vertrauen ... Ich halte dieses Lied für komplett ungeeignet, um Kindern die gute Nachricht von Jesus weiterzugeben.«

Ich finde es einfach überraschend, dass dieses schlichte Kinderlied auch nach über fünfzig Jahren noch ein so starkes Interesse weckt. Es hat tatsächlich eine Wirkungsgeschichte. Aus meiner Sicht eine sehr problematische. Steht dieses Lied doch exemplarisch für eine Erziehung, die Menschen nicht fördert, sondern schädigt. Für eine Glaubensvermittlung, die die Nähe Gottes als bedrohlich erleben lässt. Aus Seelsorgegesprächen weiß ich – und Therapeuten könnten noch viel mehr davon erzählen –, wie viele Menschen geprägt sind von einem Angst machenden Gottesbild, das ihnen das Vertrauen zu einem Gott, der sie wirklich liebt und in die Freiheit führt, unmöglich macht.

Es erschüttert mich immer wieder, wie ein solches Gottesbild Menschen bis ins hohe Alter buchstäblich krank machen kann. Ganz schlimm wird es, wenn sich ein solches zwanghaftes Gottesbild in ein überfrommes »Mäntelchen« kleidet und so wiederum andere unter Druck setzt; wenn es sich weiterträgt in die nächste Generation oder sich gar äußert im Missbrauch Unmündiger – seelisch, geistlich, körperlich.

Dies alles ist ein großes, schwieriges Thema. Aber es darf nicht umgangen werden beim Nachdenken über dieses Bibelwort: *Gott nahe zu sein ist mein Glück!* Wie kann ich Zugang gewinnen zu einem väterlichen Gott, der mir nahe kommen will, wenn ich meinen Vater als mir übergriffig nahe kommend erlebt habe? Wie kann ich Zutrauen finden zu Gott als liebevollem Lebensbegleiter, wenn ich ihn in meiner Familie, in meiner Gemeinde kennengelernt habe als einen, der mir beengend nahe kommt, der mit Argusaugen auch intimste Regungen kontrolliert und eigene Wege in die Selbstständigkeit unterbindet? Wie kann ich das dann beten und glauben: *Gott nahe zu sein ist mein Glück*?

1976 hat der Psychoanalytiker Tilmann Moser in seiner sehr persönlichen Anklageschrift seine »Gottesvergiftung« beschrieben. Er hat Gott vor die Füße geschleudert, wie er ihn in seiner Erziehung erlebt hat als krank machende Fessel, als erbarmungslose Übermacht:

> *Aber weißt du, was das Schlimmste ist, das sie mir über dich erzählt haben? Es ist die tückisch ausgestreute Überzeugung, dass du alles hörst und alles siehst und auch die geheimen Gedanken erkennen kannst ... vorübergehend mag es gelingen, lauter Sachen zu denken und zu tun, die dich erfreuen oder die dich zumindest milde stimmen ... das war ja das Schlimmste: dich traurig machen – ja, die ganze Last der Sorge um dein Befinden lag beständig auf mir, du kränk-*

liche, empfindliche Person, die schon depressiv zu werden drohte, wenn ich mir die Zähne nicht geputzt hatte ... »Herr, erhebe dein Angesicht über uns ...«, so haben wir am Ende jedes Gottesdienstes gefleht, als gäbe es keine größere Sehnsucht, als immerzu dein ewig-kontrollierendes Big-brother-Gesicht über uns an der Decke zu sehen. Du als Krankheit in mir bist eine Normenkrankheit, eine Krankheit der unerfüllbaren Normen ...[11]

Gottes Nähe als Krankheit! Wie furchtbar! Wie weit weg von dem Gott, den wir in der Bibel finden und der treu zu seinem Volk steht, selbst wenn es eigene Wege geht, weg von ihm! Wie anders als der Gott, der uns nahe kommt im Heiland Jesus Christus, dem nichts Menschliches fremd war! Und doch ist diese »Gottesvergiftung«, die viele Menschen zwar sicher nicht so extrem, aber doch zumindest in Ansätzen erleben, eine ernste Anfrage an uns: Welches – heilsame – Bild haben wir selbst von Gott? Was erzählen wir – einladend – von ihm? Wie leben wir – überzeugend – als Christen? Und ja, auch dies: Welche – Mut machenden – Lieder singen wir? Für mich gehört »Pass auf, kleines Auge, was du siehst« nicht mehr dazu.

Interessant ist übrigens, dass der englische Originaltext dieses Liedes eine leicht andere Tendenz hat. Da heißt der Refrain so: »There's a father up above and He's looking down in love.« Im deutschen Text ist die Liebe weggefallen. Aber das Herunterschauen geblieben. Schade.

Richtig schlimm finde ich die 7. Strophe, die später, wohl in den 70er-Jahren, dazugesetzt wurde: »Pass auf, kleines Ich, werd nicht groß! Denn der Vater in dem Himmel schaut herab auf dich, pass auf, kleines Ich, werd nicht groß!«

Was sollen Kinder da lernen? Sie dürfen kein Selbst-Bewusstsein, schon gar nicht ein Selbst-Wertgefühl entwickeln, damit Gott sie sehen mag? Oh nein! Da bin ich doch sehr dankbar, dass zuallermeist diese falsche Theologie vom »dicken Ich«, das vom Lebens-Sitz gestürzt werden muss, damit sich der Herr Jesus draufsetzen kann, überwunden ist.

Nein, das ist nicht die Art des liebenden Gottes. Jesus sieht unser kleines und starkes, unser mutiges und verletztes, unser freches und zartes »Ich«, nimmt es liebevoll in die Arme und sagt: »Du bist mein Kind! Werde groß – und lebe fröhlich und frei als mein Sohn, als meine Tochter! Und dann folge mir nach!«

Ich habe einen süßen Enkel, der bald drei wird. Sicher singt er demnächst in irgendeiner Kindergruppe fröhliche und fromme Lieder. Von Herzen wünsche ich ihm – und allen Kindern –, dass sie dabei einen Gott kennenlernen, der sie lieb hat, wie sie sind. Der ihnen Lust macht, Augen, Ohren, Hände, Füße, Mund, ja: Kopf und Herz zu gebrauchen zur Entdeckung der Welt. Und der sie dabei beschützt. Mit Augen der Liebe.

»So bist du auch da ...«
Der grenzenlos nahe Gott

Den grenzenlos nahen Gott – den beschreibt Psalm 139, einer der bekanntesten Texte der Bibel. Was kann dieser Psalm zum Beispiel Menschen »sagen«, die – wie ich – mit einer (chronischen) Krankheit leben müssen, das heißt mit all-täglichen Grenzen und Einschränkungen?

Eine Meditation zu Psalm 139 – vielleicht auch nachvollziehbar für »Gesunde« ...

Herr, du erforschst mich und kennst mich. So beginnt dieser Psalm. Keine intellektuelle Gottsuche mit der Frage: Wo und wer ist Gott? Sondern – vom ersten bis zum letzten Satz – eine Anrede. Ein Dialog. Ein Gebet. Von der ersten Silbe an ist Gott schon da: »Herr.« Der Beter findet sich vor als einer, den Gott schon gefunden hat: *Du erforschst mich und kennst mich.*

Im Nach-Denken, Nach-Beten stellen wir fest: Gott ist uns immer schon »zuvor« gekommen. Wir wollen ihn entdecken, aber er »ent-deckt« uns, deckt auf, wer wir sind. Wir werden gesehen, du und ich.

Das ist die große Klammer um unseren Psalm: zu Beginn die Feststellung: *Herr, du erforschst mich.* Am Ende die Bitte: *Erforsche mich, Gott.* Und dazwischen die wieder und wieder beschriebene Überraschung: Gott ist schon da – fast ein wenig wie in der Fabel vom Hasen und dem Igel ...

Gottes umgreifende Gegenwart betrifft unseren selbstverständlichen Lebensraum, unser alltägliches

Tun und Lassen: Wir gehen oder liegen, ruhen aus oder arbeiten, sind aktiv oder schonen uns in einem Krankheitsschub, wandern oder gehen am Stock, fahren im Auto oder im Rollstuhl – *so weißt du es.*

Unser vertrautes Umfeld und unser kleiner Alltag, jeder Lebensraum darin ist zugleich Gottes Raum. Wir brauchen ihn da nicht hineinzuholen. Oder gar hineinzuzerren. Wir können ihn da auch nicht hineinbeten. Nein, unsere Welt ist schon seine. Er ist schon da. Keinen Atemzug tun wir ohne ihn. Sein Schöpferatem belebt. Schenkt Rhythmus und Kraft. Einatmen. Ausatmen. Gott in uns. Was auch immer – *so bist du um mich und siehst alle meine Wege.*

Unsere Worte, unser Reden – oft so unbedacht, so verletzend, so hülsenhaft leer. Nach dem selbstironischen Motto: »Woher soll ich wissen, was ich denke, bevor ich höre, was ich sage ...«

Das Gegenteil gilt von Gott: *Es ist kein Wort auf meiner Zunge, das du, Herr, nicht schon wüsstest.* Er weiß, was wir sagen wollen, auch wenn es uns die Sprache verschlagen hat. Er weiß, was wir meinen, obwohl wir etwas anderes sagen. Er weiß, ob wir stumm sind, auch wenn wir viele Worte machen. Er weiß, dass oft die Kehle streikt, weil die Seele krankt.

Da ist diese leichte und doch schwere Frage: »Wie geht's?« Was will und kann ich erzählen von mir? Von meiner Schwäche, meiner Sorge, meinem Schmerz? Hört mir mein Gegenüber überhaupt zu? Schnell wachsen hohe Mauern aus kleinen Missverständnissen. Unaufhaltsam breitet sich Sprachlosigkeit aus. Zwischen Kranken und Gesunden. Betroffenen und Angehörigen.

Pflegenden und Hilflosen. Wie schnell macht Frust stumm. Und einsam: »Keiner versteht mich ...«

Gott hört zu – und mehr: *Du verstehst meine Gedanken von ferne.* Er versteht, was wir selbst nicht verstehen. Weiß schon, was wir nötig haben, bevor wir ihn darum bitten. Der ferne, große Gott ist so ganz nah.

Von allen Seiten umgibst du mich. Umfassende Geborgenheit. Die Hand Gottes über und unter mir. Umschlossen von Gott kann ich nicht fallen. Keinen Ort – bis an die Grenzen unserer äußeren und inneren Welt – gibt es, wo er nicht ist und Herr ist. *Diese Erkenntnis ist mir zu wunderbar und zu hoch.* Grenzüberschreitend unbegreiflich. Und: bedrohlich? Gott als »Big Brother«?

So wie es Eugen Roth in seinem Gedicht »Unter Aufsicht« herrlich humorvoll und zugleich sehr ernst auf den Punkt gebracht hat?

Unter Aufsicht
Ein Mensch, der recht sich überlegt,
dass Gott ihn anschaut unentwegt,
fühlt mit der Zeit in Herz und Magen
ein ausgesprochnes Unbehagen
und bittet schließlich ihn voll Grauen,
nur fünf Minuten wegzuschauen.
Er wolle unbewacht, allein
inzwischen brav und artig sein.
Doch Gott, davon nicht überzeugt,
ihn ewig unbeirrt beäugt.[12]

Panik packt den Psalmbeter. Uns auch? Auch das, was so tief in den Abgründen unserer Seele vergraben ist, dass wir selbst daran nicht rühren können oder wollen – auch das sieht Gott? Die alten Wunden. Die rachsüchtige Wut. Die atemlose Angst. Den verletzenden Neid. Von ihm ent-deckt?

Fluchttendenzen machen sich breit. Nur weg von diesem unentrinnbaren Gott. *Wohin soll ich gehen vor deinem Geist und wohin soll ich fliehen vor deinem Angesicht?*, fragt der Beter. Oft auch unsere Frage heute.

Unterschiedliche Fluchtmöglichkeiten werden durchgespielt: *Führe ich gen Himmel, so bist du da; bette ich mich bei den Toten, siehe, so bist du auch da.* Es ist, wie es ist: Ob oben oder unten, ob Himmel oder Hölle, ob Leben oder Tod – überall ist Gott. Flucht ist vergeblich. Lohnt sich nicht. Aber muss auch nicht sein. Denn – was für ein »Glück«: Es ist gerade nicht ein brutal beengender, sondern ein liebend haltender Gott, der bis an die Grenzen der äußeren und inneren Welt nah ist: *Nähme ich Flügel der Morgenröte und bliebe am äußersten Meer, so würde auch dort deine Hand mich führen und deine Rechte mich halten.*

Das klingt abgehoben, begeistert ... Frei sein, leicht sein, losgelöst fliegen – ohne Grenzen ... bis ans äußerste Meer. Diese Grenzenlosigkeit – gerade für Menschen, die alltäglich in den von einer Krankheit gesetzten Grenzen leben müssen, ein Traum! Nicht mehr mühsam Schritte oder Meter zählen. Nicht mehr das bisschen Kraft einteilen. Nicht mehr festgehalten werden auf dem harten Boden des beschwerlichen Alltags.

Nein: Flügel haben. In den verheißungsvollen Zukunftsmorgen abschwirren. Wunderbar: Auch da ist

Gott. Hält uns. Führt uns. In den schönen, lebendig-leichten Erfahrungen unseres Lebens.

Aber auch dies: Nicht nur in überschäumender Seligkeit, auch in tiefer Verzweiflung, in dunkler Depression ist Gott da. *Spräche ich, Finsternis möge mich decken und Nacht statt Licht um mich sein, so wäre auch Finsternis nicht finster bei dir, und die Nacht leuchtete wie der Tag.*

Finsternis. Die kennen wir. Die bedrohliche Diagnose. Das unaufhaltsame Fortschreiten der Erkrankung. Das Ende einer erfüllenden Berufstätigkeit. Den Verlust eines geliebten Menschen. Das Zerbrechen einer Beziehung. Finsternis. Aber so dunkel es auch um uns herum scheint, wie fest uns auch die Decke von Traurigkeit zudeckt und alles Licht und alle Lebensfreude abschirmt – diese Dunkelheit ist nicht undurchdringlich für Gott. Seine Nähe leuchtet hindurch. Sein Licht deckt auf. Die Verheißung gilt: Es wird einen neuen, hellen Tag geben. Auch für dich in deiner Krankheit, in deiner Einsamkeit, in deiner Perspektivlosigkeit.

Gott ist nah – nicht nur im alltäglichen Gehen und Stehen, nicht nur an den Grenzen unserer Empfindungen und unserer seelischen Zustände.

Und Gott ist nicht nur um uns, sondern sozusagen auch hinter uns. Da, wo unser Leben jedem Zugriff entzogen ist. Vor unserer persönlichen Zeitrechnung. Auch da ist Gott. Und nur Gott ist da. Mit seiner Schöpferkraft: *Du hast meine Nieren bereitet und hast mich gebildet im Mutterleibe. Ich danke dir dafür, dass ich wunderbar gemacht bin.*

Wunderbar gemacht. Was für ein umwälzender, das

Leben verändernder Gedanke! Wenn der sich doch ganz tief in jede, jeden von uns hineinsenken könnte! So, wie ich bin, bin ich wunderbar gemacht. Mit dem, was ich kann, und mit dem, woran ich immer wieder scheitere. Wunderbar gemacht. Krank und gesund. Wunderbar gemacht. Als Mensch mit vielen Fähigkeiten und manchem Handicap. Wunderbar gemacht. Als jemand, der Hilfe braucht und sie anderen schenkt. Wunderbar gemacht. Jung. Alt. Mann. Frau. Groß. Klein. Dick. Dünn. Immer: schön.

Denn: Ich bin ein Ebenbild Gottes, Teil seiner Schöpfung: *wunderbar sind deine Werke.* Jeder Mensch an-gesehen. Wert-geachtet: *Es war dir mein Gebein nicht verborgen, als ich im Verborgenen gemacht wurde, als ich gebildet wurde unten in der Erde ...* Und noch weiter zurückgedacht und zurückgebetet ins wirklich Unvorstellbare: *Deine Augen sahen mich, als ich noch nicht bereitet war.* Vor jeglichem menschlichen Wunsch – ich bin ein Wunschkind Gottes.

Seine Nähe umspannt unsere ganze Lebenszeit, Vergangenheit, Gegenwart und Zukunft: *Alle Tage waren in dein Buch geschrieben, die noch werden sollten und von denen keiner da war.*

Das ist »Evangelium« – gerade auch für chronisch kranke Menschen. Zum Beispiel: Multiple Sklerose. Die Krankheit mit den tausend Gesichtern. Unberechenbarer Verlauf. Wechselvolle Zeiten. Unsichere Zukunft. Unschöne Perspektive. Angst.

Dagegen der Psalm: Unsere Tage sind nicht unberechenbar. Sie sind aufgeschrieben ins Lebensbuch eines starken Schöpfers, eines liebenden Vaters, einer sorgenden Mutter. Unsere Namen sind in seine Hand gezeichnet. Und so dürfen wir losgehen. Unser Leben leben. Denn Gott, der ein Bild, sein Bild, von uns hat, weiß, welche Tage für uns kommen sollen. Das heißt: Geborgenheit. Sicherheit. Lebenslust.

Aber es bedeutet auch Kraft für die Auseinandersetzung mit feindlichen Kräften: *Ach Gott, wolltest du doch die Gottlosen töten! ... Deine Feinde erheben sich mit frechem Mut!*

Das ist nicht nur eine Erfahrung des Psalmbeters damals, auch unsere Erfahrung heute: Da sind äußere Feinde, die uns stressen. Konflikte, wo wir zu unterliegen drohen. Aber da sind auch Feinde in uns: Anfechtung, Zweifel ... Da ist doch kein liebender Gott ... Wäre ich sonst so von dieser Krankheit geplagt?

Ja, die dunkle Seite gehört zum Leben dazu. Und zum Glauben. Aber auch hier ist Gott nah. Bleibt Ansprechpartner. Und so bittet der Psalmist Gott, doch diese schrecklichen Feinde abzuwehren, sie zu entfernen. Denn gerade im Kampf mit inneren und äußeren Feinden braucht er seinen Gott, brauchen auch wir heute unseren Gott, der die wahren Motive erforscht und kennt. Wir brauchen den Gott, der ins Herz sieht.

So endet dieses Gebet ganz ähnlich, wie es begonnen hat. Mit einer Bitte um das, was am Anfang stand: *Erforsche mich, Gott, und erkenne, wie ich's meine.*

Ja, dieser Psalm nimmt uns mit auf eine lange Reise. Bis an die Grenzen unserer Erfahrungen. Bis an die Grenze unserer Vorstellungskraft. Wer ist Gott? Wer bin ich? *Wie schwer sind für mich, Gott, deine Gedanken!*

Wie ist ihre Summe so groß. Wollte ich sie zählen, so wären sie mehr als der Sand.

Es gibt keine letztgültigen Antworten auf unsere Fragen. Sie zerrinnen wie Sand am Meer. Aber am Ende der langen Entdeckungsreise eröffnet sich eine neue, tiefe Geborgenheit bei diesem Gott, der alles umgreift: *Am Ende bin ich immer noch bei dir.*

Der grenzenlos nahe Gott – er ist keine Bedrohung. Er schenkt die wunderbare Erfahrung von Weite. Der Liederdichter und Musiker Fritz Baltruweit sagt das so:

In der Weite des Himmels schwingt deine Güte –
und im Schatten deiner Flügel
baust du uns die Welt.
So weit die Wolken gehn, fliegt deine Liebe –
und unter deinen Flügeln sind wir zu Haus,
bist du uns Quelle, bist du uns Tiefe,
bist du uns Grund, der ewig trägt.
Auf deinem Boden riecht es nach Freiheit.
In deiner Luft atmen wir auf.

In der Weite des Himmels schwingt deine Güte –
und im Schatten deiner Flügel
baust du uns die Welt.
So weit die Wolken gehn, fliegt deine Liebe –
und unter deinen Flügeln sind wir zu Haus,
bist du uns Nahrung, schenkst du uns voll ein,
lässt du uns wonnig ins Weite sehn.
Dein Horizont stillt alle Sehnsucht.
In deinem Licht blühen wir auf.

In der Weite des Himmels schwingt deine Güte –
und im Schatten deiner Flügel,
da ist das Paradies.
So weit die Wolken gehn, fliegt deine Liebe.
Unter deinen Flügeln sind wir zu Haus.[13]

Vater und Schöpfer, du schenkst mir das Leben. Das Maß meiner Zeit: *Ich danke dir dafür, dass ich wunderbar gemacht bin.*

Jesus, Freund und Bruder, du stellst mich auf die Füße. Ich darf gehen und bleiben, wagen und irren, fliehen und zurückkehren. Gott geht mit: *Wenn ich bliebe am äußersten Meer – so würde auch dort deine Hand mich führen und deine Rechte mich halten.*

Heiliger Geist, du bist die Kraft, die mein Leben gestaltet. Meine eigene Kraft ist schnell erschöpft. Manchmal nach nur einem Tag. Deine Kraft ist jeden Tag neu die Chance zum Guten: *Und sieh, ob ich auf bösem Wege bin, und leite mich auf ewigem Wege.*

So segne uns der grenzenlos nahe Gott. Amen.

Ein letzter Brief an Asaf: die beglückende Nähe

> *Ich aber – Gott nahe zu sein ist mein Glück. Ich setze auf Gott, den Herrn, mein Vertrauen. Ich will all deine Taten verkünden.*
>
> Psalm 73,28; EÜ

Lieber Asaf,

noch einmal will ich dir schreiben. Mit diesem Vers also endet dein Gebet. Und ich merke, wie ich nach diesem intensiven Nachdenken über dich und deinen Psalm den Abschluss nun richtig bewegt lese.

Am Anfang deines Psalms steht das allgemeine Bekenntnis: Gut ist Gott, seine Güte – für die Frommen. Am Ende steht dein persönliches Zeugnis: Gut ist Gott, seine Nähe – für mich.

Am Anfang steht das zornige Sich-Ereifern über die Lästerer. Am Ende steht das freudige Weitererzählen von Gottes Macht.

Und dreimal – am Anfang, mittendrin und am Ende – steht dieses persönliche »Ich aber«, das mir deinen Psalm so nahe bringt: »Ich aber« wäre fast gestrauchelt. »Ich aber« will bleiben bei Gott. »Ich aber« finde in Gottes Nähe mein Glück.

Das ist eine geniale Komposition, dieser sprachliche Rahmen, aber doch mehr. Es ist ein spannender Weg des Glaubens: vom Zweifel zum Vertrauen. Von Gottes Ferne zu Gottes Nähe. Von Orientierungslosigkeit zum Lebensglück. Es schließt sich ein Kreis, besser gesagt, es verstärkt sich eine Dynamik, es vertieft sich ein Glaube. Und das wünsche ich auch uns, wenn wir heute deine Worte lesen.

Der letzte Vers aus deinem »alten« Psalm begleitet uns »moderne« Christen – nicht nur in diesem Jahr: *Gott nahe zu sein ist mein Glück.* Ein einfacher Satz. Sieben kurze Worte. Man könnte sie nach Kinderart einmal nacheinander einzeln betonen – und jedes Mal entsteht eine andere Bedeutung, stellen sich andere Fragen.

Gott nahe zu sein ist mein Glück: Wer oder was ist mir eigentlich nah und wichtig? Was an Überflüssigem und Sinnlosem muss ich vielleicht wegschieben, weil es mir Gottes Nähe verstellt? Was für andere Heilsversprechen und Glückserwartungen entfernen mich von Gott?

Gott ***nahe*** zu sein ist mein Glück: Wie, wann, wodurch ist mir Gott nahe? Bin ich oft viel zu beschäftigt, um seine Nähe wahrzunehmen? Könnte ich Gottes Nähe überhaupt ertragen? Halte ich ihn mir manchmal lieber fern?

Gott nahe ***zu sein*** ist mein Glück: Habe ich vielleicht den Eindruck, ich müsste ganz viel tun, um Gott in meine Nähe zu zerren? Habe ich schon verstanden, dass er zu mir kommt? Lebe ich grundsätzlich viel zu sehr nach dem Prinzip »Haben« und »Tun« statt »Sein«?

Gott nahe zu sein ***ist*** mein Glück: Ist für mich die Nähe Gottes nur noch eine blasse Erinnerung aus frommer Vergangenheit? Ist die Suche nach Gott ein Thema für irgendwann und später, wenn ich mal wieder mehr Zeit habe, mich um Glaubensfragen zu kümmern? Oder erlebe ich Gottes Nähe – hier und heute und jetzt?

Gott nahe zu sein ist ***mein*** Glück: Was bedeuten eigentlich für mich Gott und Glaube und Kirche – ein übernommenes Ritual, eine langweilige Tradition oder eine sehr persönliche Sache? Ist dies alles eine nette Beigabe meines Lebens oder unverzichtbarer Bestandteil meiner Existenz?

Gott nahe zu sein ist mein ***Glück***: Gott und Glück – passt das zusammen? Dürfen fromme Menschen Glück haben? Was ist das überhaupt – Glück?

Eine Frage, auf die ich unzählige Antworten finde – zum Beispiel in diesen »Glückszitaten«: »Das Geheimnis des Glücks liegt nicht im Besitz, sondern im Geben« (André Gide). Oder: »Glück ist ansteckend« (Eckart von Hirschhausen). Oder: »Das Vergleichen ist das Ende vom Glück und der Anfang der Unzufriedenheit« (Sören Kierkegaard). Oder: »Die höchste Form des Glücks ist ein Leben mit einem gewissen Grad an Verrücktheit« (Erasmus von Rotterdam). Oder: »Nicht die Glücklichen sind dankbar. Es sind die Dankbaren, die glücklich sind« (Francis Bacon). Oder … oder …

Wirklich ein weites Feld, unsere Frage nach dem Glück. Es lohnt sich, weiter über sie nachzudenken – nicht nur in diesem Jahr.

Mir hat es Freude gemacht, dir zu schreiben, Asaf. Ich fand es spannend, einfach mal den »garstigen Graben der Geschichte«, die großen Unterschiede unserer Lebenswelten, zu überspringen. Du bist mir nahe gekommen als Bruder – im Fragen und im Glauben.

Danke, dass durch deine Worte Gott mir – uns heute – nahe kommt.

Auch ich will mein Vertrauen auf diesen Gott setzen. Gemeinsam mit anderen, als winzig kleines Teil der weltweiten Gemeinde, will ich mit ihm unterwegs sein – nicht nur in diesem Jahr.

Und ich will das sein, wozu du dich in den letzten Worten deines Psalms selbst aufforderst: fröhlicher Botschafter für unseren großartigen Gott. Zeugin für das Glück, das er schenkt.

Deine Andrea

Anmerkungen

1 Zitiert nach Erich Zenger, Psalmenauslegungen 2. Ich will die Morgenröte wecken, Herder Verlag 1996, S. 17.
2 Martin Luther, Vorrede zum Psalter (1528), WA DB 10, 1, S. 100-102, abgedruckt in: Martin Luther, Das schöne Confitemini, Calwer Luther-Ausgabe, Bd. 7, Siebenstern-Verlag 1967, S. 56-58.
3 Vgl. Erich Zenger, Ich will die Morgenröte wecken, S. 11.
4 Hans-Joachim Kraus, Biblischer Kommentar Altes Testament, Band XV/3, Theologie der Psalmen, Neukirchener Verlag 1979, S. 216.
5 Hans-Joachim Kraus, Biblischer Kommentar Altes Testament, S. 217.
6 Die Psalmen. Übersetzt und erläutert von Samson Raphael Hirsch, 3. unveränderte Aufl., Verlag von J. Kauffmann 1914.
7 Hirsch, Psalmen, 3. Buch, S. 1.
8 Hirsch, Psalmen, 3. Buch, S. 9.
9 Lene Mayer-Skumanz: Jetzt kann Gott kommen, in: Erzählbuch zur Weihnachtszeit, Verlag E. Kaufmann 1986, S. 19f.
10 »Singt dem Herrn ein neues Lied«, Text und Melodie: Dieter Trautwein 1964, Gemeindelieder Oncken Verlag 1978, Nr. 134.
11 Tilmann Moser, Gottesvergiftung, Suhrkamp Verlag 1976, S. 13f.
12 Eugen Roth, Unter Aufsicht, gefunden auf: http://www.wurli.com/artgallery/eugen_roth.htm (23.4.2013).
13 »In der Weite des Himmels« von der CD: Ich sing für Dich – Über Raben- und Lebenszeiten von Fritz Baltruweit mit der Studiogruppe und Konstanze Kuß (Harfe).

Weitere Literatur

Bernd Jankowski/Kathrin Liess, Gerechtigkeit und Unsterblichkeit. Psalm 73 und die Frage nach dem »ewigen Leben«, in: Ruth Heß/Martin Leiner (Hrsg.), Alles in allem. Eschatologische Anstöße. Festschrift J. Christine Janowski, Neukirchener Verlag 2005, S. 69-92.

Ludger Schwienhorst-Schönberger, Bis ich eintrat in die Heiligtümer Gottes (Ps 73,17). Ps 73 im Horizont biblischer und theologischer Hermeneutik, in: Reinhard Achenbach/Martin Arneth (Hrsg.), Gerechtigkeit und Recht zu üben (Gen 18,19). Studien zur altorientalischen und biblischen Rechtsgeschichte, zur Religionsgeschichte Israels und zur Religionssoziologie. Festschrift E. Otto, Harrassowitz Verlag 2009, S. 387-402.

Susanne Gillmayr-Bucher, Gefürchtet, bewundert und überwunden – Die »Anderen« in Psalm 73, in: Marianne Grohmann/Yair Zakovitch (Hrsg.), Jewish and Christian Approaches to Psalms (HBS 57), Herder Verlag u.a. 2009, S. 77-94.

Andrea Schneider

Eigentlich kerngesund

Mit Hindernissen mutig leben

Ist man krank, wenn der Körper nur eingeschränkt funktioniert? Ist man gesund, wenn man keine Krankheitsdiagnose hat? Seit zehn Jahren lebt die Autorin mit Multiple Sklerose. Mal ernst, mal heiter, immer ermutigend erzählt sie von Menschen, die krank sind – und doch im Kern gesund.

Gebunden, 10,5 x 16,5 cm,
192 S., mit Lesebändchen
Nr. 395.461

SCM R.Brockhaus